经济新常态下我国房地产经济可持续发展研究

刘丽梅 翟延平 著

吉林大学出版社
·长春·

图书在版编目（CIP）数据

经济新常态下我国房地产经济可持续发展研究 / 刘丽梅，翟延平著 .-- 长春：吉林大学出版社，2022.9
ISBN 978-7-5768-0930-5

Ⅰ.①经… Ⅱ.①刘… ②翟… Ⅲ.①房地产经济 - 经济可持续发展 - 研究 - 中国 Ⅳ.①F299.233

中国版本图书馆 CIP 数据核字（2022）第 200271 号

书　　　名	经济新常态下我国房地产经济可持续发展研究
	JINGJI XINCHANGTAI XIA WO GUO FANG-DICHAN JINGJI KECHIXU FAZHAN YANJIU
作　　　者	刘丽梅　翟延平
策划编辑	矫正
责任编辑	郭湘怡
责任校对	李潇潇
装帧设计	久利图文
出版发行	吉林大学出版社
社　　　址	长春市人民大街 4059 号
邮政编码	130021
发行电话	0431-89580028/29/21
网　　　址	http://www.jlup.com.cn
电子邮箱	jldxcbs@sina.com
印　　　刷	天津和萱印刷有限公司
开　　　本	787mm×1092mm　1/16
印　　　张	7.75
字　　　数	100 千字
版　　　次	2023 年 5 月　第 1 版
印　　　次	2023 年 5 月　第 1 次
书　　　号	ISBN 978-7-5768-0930-5
定　　　价	48.00 元

版权所有　翻印必究

前　言

改革开放以来，我国房地产业迅速发展，尤其是1998年停止住房实物分配，实施住房分配货币化改革之后，房地产业一跃成为国民经济的支柱性产业，这是由其对国民经济的贡献度决定的。房地产业是关联度极高的一个行业，其上下游关联产业众多，涉及钢铁、建材、家电、化工、陶瓷等60余个行业，对国民经济的带动性极强，在发展过程中逐步成为举足轻重的基础性、先导性和支柱性产业。21世纪以来，中国房地产业投资规模逐年迅猛增加，其年均增长率超过20%，增速远远超过同期GDP（国内生产总值）增长率，房地产市场供需两旺，商品房价格持续上涨，房地产企业利润不断提升，这些都使房地产业成为国民经济的重要增长点。

随着我国经济发展进入"新常态"，我国房地产发展也进入"新常态"，经济新常态下的房地产开发投资速度、房地产交易量、房地产价格等主要指标均呈现新的特征。从区域层面来看，房地产库存较大，市场分化日益加剧，库存风险不容忽视；从城市层面来看，一线城市和部分二线城市供不应求，价格上涨明显，三、四线城市和县城供大于求，库存高企，价格风险逐渐显现。对于以上问题，国家相继出台了一系列宏观调控政策，一方面，完善房地产市场机制，约束企业行为；另一方面，侧重抑制投资和引导需求。但从政策的实际效果来看却并不理想，土地价格节节攀升，房地产价格也在快速上涨，部分地区甚至出现了资产泡沫迹象。

对于房价高企的问题，理论界一直存在不同的学术观点，大致可以分成两类：一是强调成本推高房价；二是强调需求拉升房价。前者主要考察建设成本在房价构成中的重要作用，尤其是认为土地成本是房价虚高的重要驱动因素，考虑到过去我国土地制度的特殊性，土地市场具有一定的行政垄断特征，客观上造成资源的稀缺和地价的高涨，土地财政的存在也使地方政府有较强的提升地价的动机，但这些都不是房价虚高的充分理由。事实上，房价的构成包括多个方面，地价虽然占比较高，但对房地产企业造成的盈利压力也是有限的，从房地产市场的实际情况来看，房地产行业仍然是利润率较高的行业之一，这说明土地价格虽然对房价有一定影响，但这种影响有其片面性。后者则侧重于考察需求因素对房价的影响，从中国的实际情况来看，房地产市场需求主要表现为四个方面：一是经济发展提高了人们的生活水平，居民具有改善住房条件的现实需求；二是城市化水平上升导致城镇人口快速增加，进而形成巨大的增量住房需求；三是经济结构转型，服务业比重上升，商务往来增多，增加了商业地产需求；四是国内投资渠道狭窄，银行利率偏低，催生了民间资本的投机性需求。这种观点认为上述需求拉动了房价的上升，具有一定的合理性，但从实际情况来看，我国房地产市场是一个极为复杂的市场体系，其价格形成并非简单的由市场供需决定，部分地区始终居高不下的"空置率"问题就足以说明这一点，按照市场供求的基本原则，如果产品过剩，即房地产商品出现大规模空置，则价格会相应下降，但为何高房价却能与高空置率并存？另外，从我国实施的宏观调控政策来看，稳定房价的主要措施大多表现为管制市场需求，如提高首付比例，提高利率水平和公积金贷款门槛，甚至直接限购、限贷等，但这种需求管制政策多年来却并未从根本上抑制房价快速上涨。以上现象都说明仅从传统的市场供求角度来分析中国的房地产市场问题是不够的，我们需要寻找新的角度和新的方法来研究中国房地产业的发展现状，解决相关问题以实现房地产业的持续健康发展。

　　本书从房地产、可持续发展等基本概念入手，解读"经济发展新常态"基本含义，分析我国房地产新常态及其风险类型；重点阐述马克思主义政治经济学相关理论、房地产经济周期理论、风险管理理论、房地产市场调控理论等理论基础及中国房地产政策调控有效性分析，作为本书研究的理论基础和现实依据；深入剖析经济新常态下我国房地产经济发展的现状、存在问题及影响因素，在借鉴国内外房地产经济波动与金融风险经验的基础上，确定我国房地产有效竞争的目标模式及调控思路，针对性地提出切实有效的新常态下房地产经济可持续发展策略，并预测了我国房地产经济的未来发展趋势。

　　我国房地产业的发展关乎国计民生，一直以来都是学术界的研究热点，本书的研究具有一定的理论及现实意义，但由于受篇幅、时间和个人能力所限，本书仍存在许多不足之处，在以后的工作中，笔者将持续深入研究我国房地产经济发展问题，为我国的经济发展贡献一份力量。

目 录

第一章 经济新常态下我国房地产经济可持续发展的基本理论概述 …… 1
    一、房地产经济相关概念及其可持续发展的意义 …………… 1
    二、关于"经济发展新常态"的理论解读 ………………………… 8
    三、我国房地产新常态及其风险类型 ………………………… 17

第二章 经济新常态下我国房地产经济可持续发展的理论基础及现实依据 ……………………………… 25
    一、理论基础 …………………………………………………… 25
    二、现实依据 …………………………………………………… 41

第三章 经济新常态下我国房地产经济发展的现状分析 ………… 46
    一、我国房地产经济发展的历史进程 ………………………… 46
    二、经济新常态下我国房地产经济发展的现状、问题及影响因素 … 62

第四章 国内外房地产经济波动与金融风险的经验借鉴和实证分析 … 72
    一、房地产经济波动引致金融危机的国际借鉴 ……………… 72
    二、我国房地产经济波动与金融风险实证分析 ……………… 88

第五章 经济新常态下推动房地产经济可持续发展的策略及房地产经济发展趋势分析 ……………………………… 95
    一、经济新常态下推动房地产经济可持续发展的策略 ……… 95
    二、经济新常态下我国房地产经济发展趋势分析 …………… 109

参考文献 ………………………………………………………………… 112

第一章　经济新常态下我国房地产经济可持续发展的基本理论概述

随着中国经济发展进入"新常态",客观识别分析新常态下中国城市房地产风险影响因素,科学评价城市房地产风险,确定城市房地产市场调控思路,制定出切实有效的房地产调控策略,推动房地产经济朝着可持续的方向不断前行,对我国经济发展、国家安全及社会稳定具有重大意义。

本章从房地产、房地产业、房地产市场、房地产经济、可持续发展等基本概念入手,解读"经济发展新常态"基本含义,分析我国房地产新常态及其风险特征,为全书的研究做理论铺垫。

一、房地产经济相关概念及其可持续发展的意义

(一)房地产经济相关概念

1. 房地产的基本概念

学术界对房地产定义的表述不一,比较有代表性的论点有以下几个。

(1) 房和地有机整体论。从法律的角度,汤树华(1992)[1]认为房地产是房屋建筑和建筑地块的有机组成整体。

(2) 房产和地产统称论。从产权交易出发,包亚钧(1998)[2]指出房地产从表面上看是房产和地产的统称,即房产和土地两种财产的合称。

---

[1] 汤树华,谢卫东.中国房地产实务全书[M].北京:新时代出版社,1992.
[2] 包亚钧.论城市房地产开发的可持续发展[J].上海社会科学院学术季刊,1998(03):40-48.

（3）狭义房地产论。王克忠（1995）[1]指出房地产是土地和土地上永久性建筑物及其衍生的权利。

（4）广义房地产论。曹振良（2003）[2]进一步细化了房地产的概念，强调按照经济用途的不同，可将土地详细划分为养力土地、承载土地及富源地等。

一般来讲，房地产符合概念用地均为承载用地，同时只有在承载用地上建造房屋的基础上，方可称其为"房地产"。很明显，房地产具体可分为房、地两个部分，并且兼具有房、地双重属性。

第一，位置的固定性。这在很大程度上与土地不可移动性有关。第二，使用的耐久性。建筑材料选取一般以坚固材料为主，使得房地产使用年限较长。第三，产品的异质性。考虑到房地产区位及其附近自然环境、社会环境等差异，并且考虑到建筑物在规模、材料、装饰等方面的差异，很容易出现异质性。所以，房地产市场发展中，存在明显的垄断性、区域性色彩。第四，供给的稀缺性。土地的有限性及土地供给在短期内缺乏弹性，导致建筑用地供给的稀缺。第五，较高的价值性。房屋作为一个特殊商品，具有很强的复杂性，房屋从审批建设到市场销售需要经历诸多不同的环节。在此期间，成本支出除包括人工成本、材料成本、时间成本外，也涉及资本成本，并且周边环境也在很大程度上对房屋价值产生影响。所以，房地产价值水平普遍较高。第六，投资消费的双重性。房地产作为一种耐用商品，具有自身的特殊性。一方面，房地产具有使用功能，能够满足民众居住需求；另一方面，房地产具有投资功能，与土地资源固定性、房地产耐久性等因素相关。[3]

住宅是房地产以用途划分的一个类别。住宅的功能在于能够实现人们的居住需求，与其他商业性住房存在较大的差异。首先，根据建筑层数不同，住宅可具体划分为单层住宅、低层住宅、高层住宅、超高层住宅等不同类型。其次，根据产品性质的不同，住宅可具体划分为商品住宅、非商品住宅两种。

---

[1] 王克忠.关于上海私营经济小区的几点思考[J].上海农村经济，1995（09）：32-34.
[2] 曹振良.房地产经济学通论[M].北京：北京大学出版社，2003.
[3] 夏凯丽，田曦，应瑞瑶.产业集聚对房价上涨影响机制的经验分析[J].统计与决策，2017（11）：128-132.

这里，对于商品住宅，能够直接在商品房市场中进行买卖交易；而对于非商品住宅，其职能大多以提供政策性保障为主。[①] 其中，常见的廉租房、经济适用房、公租房等，均属于非商品住宅的范畴。再次，根据缴税标准的不同，住宅可具体划分为非普通住宅、普通住宅两种。最后，根据市场交易次数的不同，住宅可具体划分为新建商品住宅、二手住宅两种。

2.房地产市场的基本概念

房地产市场既是房地产产品交易的场所和流通的空间形式，又是房地产产品交易双方经济关系的总和。狭义的房地产市场，是指进行房地产产品买卖、租赁、抵押等交易活动的场所。广义的房地产市场，指整个社会房地产产品交易关系的总和。房地产市场是房地产产品交换过程的统一，是连接房地产开发、建设、经营、管理、服务和消费的桥梁，是实现房地产商品价值和使用价值的经济过程。

地产是房产的基础，处于主导地位，起主导作用。土地是一种很重要的生产要素，经过开发以后的土地，由于它已凝结一般人类劳动，所以有价值。这样就使土地这个生产要素成为资产。地产可以离开房产而独立存在，而房产则不能离开地产而独立存在。由于地产可以离开房产而独立存在，所以能形成一个独立的市场，即房地产一级市场，可以说它是整个房地产市场的基础。由于房产不能离开地产而独立存在，所以不可能形成一个独立的市场，只能形成一个综合的房地产市场，即包含地产与房产市场，也就是房地产二级市场。同类别的房地产市场又可以相互交叉，如居住房地产市场又可以划分为房地产一级市场、房地产二级市场、房地产三级市场。

3.房地产业的产业内涵

房地产业指是以土地和建筑物为经营对象，从事房地产开发、建设、经营、管理及维修、装饰和服务的集多种经济活动于一体的综合性产业，属于第三产业，是具有先导性、基础性、带动性和风险性的产业。对于房地产业的产业性质，虽然从产业统计界定上属于第三产业，但是在实际的生产活动中房地产业又具备了第二产业的性质。

首先，从现代房地产业自身的特性来说，作为一种经济形式或经济现象，

---

① 王锦阳，刘锡良.住宅基本价值、泡沫成分与区域溢出效应[J].经济学（季刊），2014（04）：1283-1302.

随着社会经济和现代房地产业自身的发展，出现了大量从事房地产综合开发经营纵向组合的大型房地产企业集团，集房地产开发建设和营销于一体，从项目前期策划、开发建设、销售经营直至物业管理一条龙运作服务，承担全程融投资风险，这是现代房地产业发展的主导形式，也是现代纵向组合企业集团生产经营一条龙运作的基本特征。其次，从房地产业与建筑业的关系来看，分析和认识房地产业与建筑业的关系是界定房地产业性质的重要环节。房地产业与建筑业既有区别又有联系。它们之间的主要区别有两点。一是建筑业的产品是建筑物，具有物质属性；而房地产业的产品既体现物质属性，又体现法律属性，其落脚点在房地产权属。二是建筑业是物质生产部门，从产业界定上属于第二产业；房地产业兼有生产开发、经营、管理和服务等多种性质，从产业界定上属于第三产业。房地产业与建筑业之间的联系主要有以下三种情况。①房地产开发商自己兼营建筑业，用自己经营的建筑公司建造自己经营的房地产，即房地产业中有建筑业，也是第二、三产业兼营。②建筑商直接开发经营房地产，即自己生产自己销售经营，建筑业中有房地产业，也是第二、三产业兼营。③房地产商策划设计的项目承包给建筑商生产建造，竣工验收后，交由房地产开发商经营销售，这是房地产与建筑商或房地产业与建筑业最普遍最典型的关系。这当中又分三种情况：一是包工不包料；二是包工部分包料；三是完全包工包料。即使在这里房地产商与建筑商之间也不是完全意义上的产品"买卖"关系。其一，产品生产的前期市场调查、策划，甚至设计等都是由房地产企业在施工前做的，实际起到了决定、控制、引导生产建造的作用，建筑商所行使的只是代理商的职能，二者的关系是甲方与乙方的关系；其二，只包工不包料或部分包料，使开发商更为直接地控制参与生产建造过程。

综上所述，从狭义的统计核算角度来看，房地产业归类为流通领域第三产业。从广义一般经济理论来说，虽然房地产业是生产经营性产业，但其兼具第二产业和第三产业的特性。

4.房地产经济的界定

房地产经济是指以房地产为对象的生产、分配、交换和消费过程中所发生的各种经济关系及其条件的总称。因此，其内容应包括房地产的开发投资活动、生产活动及流通消费活动三大块。在这三大块中，房地产开发投资推动房地产生产，房地产生产为房地产流通与消费服务，房地产消费的升级和换代催生出新的房地产开发投资。

（二）房地产经济在我国经济中的地位与发展趋势

房地产行业的经济效益在过去十几年，构成了我国经济的重要组成部分，为国民经济高速发展贡献了力量。

1. 基础性和先导性地位

房地产经济是我国经济的重要组成部分，其发展为我国经济的发展作出了积极贡献，其产业的形成在我国城镇经济发展中逐渐表现出基础性与先导性地位。房地产是我国人民居住与活动的重要基础性场所，并且在社会生产活动中表现出重要的作用。主要是其涉及面广，从商品住宅房到大型商场，从工业厂房到写字楼，无一不涉及房地产开发，因此在各行各业表现出基础性作用，而城市的发展，首先就是基建，其中房产开发先行，因此其先导性地位展露无遗。

2. 具有主导性

房产行业的发展一方面能促进相关联产业的发展，另一方面能解决大量的就业问题，其发展在我国经济发展中有着重要作用。同时其能实现协调经济发展，也能助力产业结构优化，并表现出主导性和领导性作用。另外，正常健康发展的房地产，能引领城市朝着环保方向发展，建成经济环境友好型城市，并对社会关系的调整也表现出突出作用。因此，房地产行业在我国经济发展过程中，有其主导性，需要相关部门规范其发展，发挥其作用。

3. 支柱性产业

房地产行业的发展能实现我国多个行业的快速发展，因为房地产行业需要大量的工业产品，而工业产品又为我国生产总值的增长提供引擎，因此房地产行业的发展能带动大量相关领域的发展，如钢铁生产、建材供应、交通运输、家电、装修等领域。因此，表现出一定的支柱性作用。另外，房地产行业对宏观经济有较大影响，房地产开发的各项活动需要在土地上进行，而我国的土地资源为国家所有，因此通过对建设用地定价的调控，便可完成对宏观经济的调整。所以这十几年来，随着房地产市场的繁荣，房地产已成为我国经济的支柱产业。

4. 发展趋势

无论是当前房地产行业现状展现出来的问题，还是其对我国经济发展呈现的重大意义，都对房地产行业的健康发展提出较高的要求。当前房地产行业的发展虽然表现出多因素影响的状态，使其发展有不确定性，但是就整体而言，房地产发展趋势还是相对明晰的。主要基于发展现状分析，房地产行业的关注度依旧居高不下，国家层面将出台更多的政策以保证房地产行业的健康发展，使得房地产行业表现更好的稳定性。另外，将会进一步提升其抗风险的能力，使得房产经济发展得更好。同时，房地产企业想要在未来脱颖而出，其对质量、品质、环境、服务等方面的工作将会进一步提升，以吸引消费者，实现房地产的高质量发展。未来注定是风险与危机并存的，需要实现发展趋势与国家发展，乃至与世界发展方向一致。

（三）房地产经济可持续发展的意义

1. 可持续发展的概念

可持续发展，是"指自然、经济、社会的协调统一发展，这种发展既能满足当代人的需求，又不损害后代人的长远利益"[①]。可持续发展还意味着维护、合理使用并且提高自然资源基础，这种基础支撑着生态抗压力及经济的增长。可持续发展还意味着在发展计划和政策中纳入对环境的关注与考虑，而不代表在援助或发展资助方面的一种新形式的附加条件。

2. 可持续发展的内涵

可持续发展，就是要求经济社会的发展具有持续性，因此发展是可持续发展的核心，可持续发展也强调满足全体人民的各种合理需求，尤其强调不仅是当代人的需求，还应当包括后代人的需求。经济社会不能一味盲目的发展而忽略长远规划，不能只顾经济的增长而忽略资源环境的承受能力，人类利用自然中的物质获得生存资料，对自然界中的生态环境产生行为干预，这要求人类对自然的行为干预就要在生态系统的承载力范围内保持生态系统的完整性，在此基础上实现人类经济社会整体的健康发展，如果在发展过程中过分依赖资源的投入来单纯追求经济增长，用高消耗、低

[①] 中国社会科学院语言研究所词典编辑室编. 现代汉语词典（第7版）[M]. 北京：商务印书馆，2018：737.

效率、高污染的粗放型生产方式来满足人们的消费欲望，那么其结果只能是生态环境迅速恶化，因此作为经济社会中能动主体——人，在经济发展中要节约资源，降低资源的消耗，减少废物的产生，提高生产效率，增加生产效益，改变浪费型的生产和消费模式，实现清洁生产和文明消费，走有内涵、高质量、高效益的集约化发展道路，让社会的其他方面也得到共同进步和发展，不论是整体还是个人的生活都得以平等改善，人们各种恰当的需要得到满足，并且对后代人的发展需要不会构成威胁。

可持续发展要求人类在自身得到发展的过程中，不能仅仅注重运用科学技术等手段从自然中获取生活资料，然后享受自然的馈赠，人类应更要注重人与人之间的公平、正义，在公平、正义中寻求实现人与自然生态环境的和谐，推动社会、经济、生态的可持续发展和科学技术的进步，使得整体与局部、局部与局部之间协调发展。

可持续发展是一种动态过程，在这个过程中，经济、资源、人口、环境等多种因子的相互协调、相互促进，是实施可持续发展战略的关键。人类社会同自然环境之间的相互协调、人类社会各系统之内及它们之间的相互协调、人口数量及人口增长率同生态系统中不断变化的生产潜力之间的相互协调、地区社会经济各领域及其之间的相互协调、国际范围内的相互协调等都是可持续发展必不可少的内容。可以说，可持续发展是一个复合的大系统，包括人口、经济、资源、环境、社会各个子系统等几个主要方面，追求的是人口、经济、资源、环境、社会各个子系统之间的健康、稳定、持续的发展。

3.房地产经济可持续发展的意义概述

房地产经济发展的暴利性一直受到人们的关注，特别是近几年，专家和媒体等对其的评价争论不休。房地产经济对国内经济发展产生较大的影响，房地产经济的快速发展既可以满足人们的居住需求，也能促进有关产业的发展。在房地产企业发展期间，既要合理应用土地资源，也要为后代留下最佳发展道路。房地产并非简单的买卖房子，还应看其是否会对人口、环境及生态等方面产生影响。过度开发势必会导致房地产行业发展衰退，最终制约行业经济不断向前。因此，在房地产经济发展期间有必要朝着可持续的方向不断前行。

（1）房地产经济可持续发展有利于促进经济增长

房地产对于拉动 GDP（国内生产总值）增长有着十分重要的作用。结合目前我国房地产经济产业发展现状分析，作为我国国民经济的重要构成部分，在其发展过程中，不仅有效整合闲置土地资源、提高就业率，还促进经济的快速发展。此外，还有效拉动了周边产业发展，促进其可持续发展。

（2）房地产经济可持续发展有利于促进相关产业的进一步发展

房地产行业的不断发展壮大，带动相关产业的发展，如建材、家电等行业。在项目建设前，与咨询单位进行有效沟通，可以更合理地对房地产项目进行规划。相关数据的有效搜集，为承建单位提供基础资料的支持。在项目竣工运营期间，还会促进建材市场等行业的发展。

（3）房地产经济可持续发展有利于提升人们的生活水平

随着医疗体制的改革，城市医疗及其卫生系统取得飞速发展，各项基础配套设施趋于完善。为了获得更好的生活环境，农村人口大量流入城市，在此过程中，加速城市化程序依然是拉动我国经济增长、保民生和维护社会稳定的重要支撑。同时，多年超发的货币，因为有了房地产这个"蓄水池"，得以沉淀下来，而不是流入日用品消费行业。正因为有房地产这个"池子"在，生活必需品的价格没有快速上涨，人民的基础生活得到了保障。完善的基础设施、住房环境的改善、相对平稳的物价，有利于提升人们的生活水平。

二、关于"经济发展新常态"的理论解读

2014 年 5 月，习近平在河南考察时首次提出"新常态"概念，指出面对中国经济发展的重要机遇期和战略期，我们要增强信心，把握中国经济的基本特征，主动适应经济的新常态，保持平常心态。[①] 这也是习近平首次用"新常态"来叙述现阶段的中国经济态势。2014 年 7 月 29 日，在和党外人士的座谈会上，习近平进一步强调：正确认识经济发展具有阶段性特征，快速把思想和行动统一起来，积极配合中央决策部署，进一步适应新

---

① 习近平在河南考察时强调：深化改革发挥优势创新思路统筹兼顾 确保经济持续健康发展社会和谐稳定 [N]. 人民日报，2014-05-11.

常态，增强自信心，推动经济可持续发展。①

2014年11月，习近平在亚太经合组织（APEC）工商领导人峰会上，首次向世界100多家跨国公司的领导人及工商界领袖系统地阐述了中国经济发展新常态的基本特征、经济发展新常态孕育的新机遇及适应经济发展新常态的策略等核心问题。②APEC工商领导人峰会历来是中国向世界表达经济发展方向和回应各种外界关注的重要会议。之前有数据显示，中国前三个季度的经济增长是7.4%，为此，国际社会中的某些国家对中国经济下行产生担忧。而习近平指出，中国经济增长速度的减缓、经济结构的优化升级及经济增长动力的转变是中国经济"新常态"的几个主要特点。特别是经济增长动力多元化发展且向创新驱动转变，以及虽然经济增长速度有所减缓，但是经济增长量在全球还是名列前茅的，中国经济今后增长速度也更趋平稳，因此，经济发展的"新常态"实际给中国带来的是新的发展和机遇。此外，习近平还重点强调以目前中国经济发展的战略和政策来看，中国有信心，也有能力积极应对各种问题和风险。积极推动新型工业化、城镇化、信息化等手段来化解可能出现的各种问题，使中国经济的增长动力更为多元，发展前景更加稳定。2014年12月，习近平在同党外人士交流座谈时，再次强调：我国经济发展进入新常态，要继续坚持稳步前进。③12月5日，习近平在中共中央政治局会议中又指出：由于中国经济发展步入新常态，经济发展回旋空间变大，韧性好、潜力足的特点，实际上是今后经济持续健康发展的有利条件。④13日，习近平在去江苏调研时，又着重强调："要主动把握经济发展规律和适应经济发展的新常态，积极推动改革开放，使社会主义现代化建设尽快迈上新台阶。"⑤

从经济发展新常态思想所遵循的"大逻辑"出发，我们首先应该正确认识新常态。只有对经济新常态有一个清晰、准确的认识和定位，才能为

---

① 就当前经济形势和下半年经济工作中共中央召开党外人士座谈会[N]. 人民日报，2014-07-30.
② 习近平：谋求持久发展 共筑亚太梦想——在亚太经合组织工商领导人峰会开幕式上的演讲[N]. 人民日报，2014-11-10.
③ 中共中央召开党外人士座谈会[N]. 人民日报，2014-12-06.
④ 中共中央政治局召开会议分析研究2015年经济工作[N]. 人民日报，2014-12-06.
⑤ 习近平在江苏调研时强调：主动把握和积极适应经济发展新常态 推动改革开放和现代化建设迈上新台阶[N]. 人民日报，2014-12-15.

主动适应及科学引领新常态夯实基础、固定方向；而要正确把握新常态，就要深刻挖掘新常态的基本含义，分析经济新常态在新时代背景下的发展趋势，以及在这种趋势中所展现的基本特征。

（一）经济发展新常态的基本含义

根据历史唯物主义和辩证唯物主义的基本思想，人类社会就是在常态—非常态—新常态的否定之否定中不断向前发展的。同样，人类对自身所处的社会的认识也是在常态—非常态—新常态的否定之否定中不断深化的，而贯穿其中的主线就是事物的本质和规律。从这个意义上说，经济发展新常态思想的提出，就是对中国经济发展从肯定到否定再到否定之否定的波浪式前进和螺旋式上升的认识结果。从历史过程看经济发展，其始终处于一个连续性的过程，新常态—常态—非常态—新常态是这一过程演进的基本规律。因此，只有联系中国过去的经济发展，才能正确把握现阶段"新常态"的基本含义。

与过去相比，经济发展新常态的"新"主要体现在：一是经济增长速度由高速增长逐渐转为中高速增长；二是经济结构不断调整，逐步优化升级；三是经济增长动力由主要依靠要素、投资驱动转向创新驱动。而"常"则意味着相对稳定，既"稳"在经济增长上保持平稳可持续；又"稳"在宏观经济政策上，特别是既要使货币流动性宽松适度，又要发挥财政稳定器功能，服务供给侧改革所需。所以，"新常态"实质就是经济发展对以往过度追求GDP增长模式的自我扬弃，通过追求转变发展方式、优化经济结构、转换增长动力向更全面、更合理、更可持续的方向迈进。这其中包含以下几个方面的意蕴。

第一，坚持质量第一、效益优先。我国过去虽然保持了长期年均9％以上的经济增长态势，但也累积了很多不可持续的因素和难题。主要表现在：很多领域都出现了发展不平衡不充分的情况、创新能力还不够强、实体经济水平仍需加强、生态环境保护的任务还很重。党的十九大报告明确指出，我国经济已由高速增长阶段转向高质量发展阶段，无论是发展方式、经济结构还是增长动力都处于发展的关键时期，急需建立现代化经济体系，这也是我国经济发展目标的迫切要求。我们"必须坚持质量第一、效益优先，

第一章 经济新常态下我国房地产经济可持续发展的基本理论概述

以供给侧结构性改革为主线,推动经济发展质量变革、效率变革、动力变革,提高全要素生产率"[1]。所谓"质量变革,包括通常所说的提高产品和服务质量,更重要的是全面提高国民经济各领域、各层面的素质。……效率变革,就是要找出并填平在以往高速增长阶段被掩盖或忽视的各种低效率洼地,为高质量发展打下一个效率和竞争力的稳固基础。……动力变革,就是要在劳动力数量和成本优势逐步减弱后,适应高质量、高效率现代化经济体系建设的需要,加快劳动力的数量红利到质量红利的转换。"[2]

第二,突出政府、市场和社会的协同作用。习近平在党的十八届二中全会上指出,深化行政体制改革实质上就是要解决好政府、市场和社会三者之间的关系,"即哪些事应该由市场、社会、政府各自分担,哪些事应该由三者共同承担"[3]。中国经济发展进入新常态就是在更高层次上要求政府、社会和市场协同发力,以新发展理念为引领,建设现代化经济体系。这其中的关键是要在遵循市场规律的同时,有效发挥政府的职能作用,使政府在为市场服务的过程中做到不缺位、不越位、不错位,为市场经济合理运行和社会力量的充分有序参与提供制度保障。

第三,彰显以人民为中心的发展目的。习近平明确指出:"人民对美好生活的向往,就是我们的奋斗目标。"[4]以习近平同志为核心的党中央对中国经济发展进入新常态的战略判断及为适应和引领中国经济发展新常态而作出的理念创新和一系列制度安排,始终与以人民为中心的执政理念和价值立场紧密联系在一起。因此,深刻把握以人民为中心、增进人民福祉的旨归,从经济发展的聚焦问题与改革实际出发,从最广大人民的根本利益出发,利用制度安排、法律规范、政策支持,不断破解经济发展难题困境,最大限度释放发展红利,是正确认识经济新常态发展,适应与引领经济发展新常态的题中应有之意。

---

[1] 习近平. 决胜全面建成小康社会 夺取新时代中国特色社会主义伟大胜利——在中国共产党第十九次全国代表大会上的报告[M]. 北京:人民出版社,2017:30.
[2] 党的十九大报告辅导读本编写组编著. 党的十九大报告辅导读本[M]. 北京:人民出版社,2017:184—185.
[3] 中共中央宣传部编. 习近平总书记系列重要讲话读本[M]. 北京:学习出版社,人民出版社,2016:176.
[4] 习近平. 习近平谈治国理政(第一卷)[M]. 北京:外文出版社,2018:4.

第四，发展是阶段性和连续性的统一。"新常态"首先是发展过程上的连续性，是中国前期经济发展的延续，只不过是向追求质量更优的阶段迈进，体现了经济发展连续性中的阶段性特征。这要求在适应和引领经济发展新常态过程中，政策安排和制度创新既要保持连贯性，又要突出问题导向，聚焦亟待破解的现实问题。党的十九大明确指出："从十九大到二十大，是'两个一百年'奋斗目标的历史交汇期。我们既要全面建成小康社会、实现第一个百年奋斗目标，又要乘势而上开启全面建设社会主义现代化国家新征程，向第二个百年奋斗目标进军。"[①]从经济发展趋向出发，重点围绕人民日益增长的美好生活需要，并结合我国经济正处在转变发展方式、优化经济结构、转换增长动力的攻关期这一实际，在阶段性与可持续发展的衔接中科学把握政策创新的空间。

总之，习近平明确强调，对于新常态，要客观审视其精神实质，切实摒弃一些认识偏差。第一，新常态有别于一般性事物，评判标准也无好无坏。新常态是中国经济发展到今天必须面对的一个阶段，其符合经济发展的客观规律，我们必须乘势而为、乘势而上。第二，新常态有其特定属性，不是什么方面都可以归结入新常态。一定要正确把握新常态思维，切实运用到经济建设当中。第三，新常态不能作为挡箭牌，不能把一切矛盾问题都纳入新常态，以新常态为挡箭牌对矛盾问题置之不理。"新常态不是不干事，不是不要发展，不是不要国内生产总值增长，而是要更好发挥主观能动性，更有创造精神地推动发展。"[②]

（二）经济发展新常态的基本特征

习近平强调，处理好"新常态"下经济发展的各类问题，就要做到既要严防增长速度滑出底线，又要理性对待增长速度转轨的新常态；既要对产能过剩、房地产市场、群体性事件等风险点进行密切关注和防控，又要采取强有力措施化解区域性和系统性的金融风险，还要防范局部风险问题演变成全局性风险。这反映了若要正确认识经济发展的新常态，必须坚持

[①] 习近平. 决胜全面建成小康社会 夺取新时代中国特色社会主义伟大胜利——在中国共产党第十九次全国代表大会上的报告 [M]. 北京：人民出版社，2017：28.

[②] 习近平. 习近平谈治国理政（第二卷）[M]. 北京：外文出版社，2018：249.

从整体角度洞悉包括经济增速的调整、拉动增长动力的转化、资源配置方式转变、产业结构调整优化升级、经济福祉包容共享等在内的全方位发展状态和深化趋势。

1. 增长速度由高速增长转为中高速增长

中国经济经历了40多年的高速运转后正转入稳步回落轨道。进入新世纪，中国经济仍然保持高速度的增长趋势，由于2008年受美国金融危机的影响，下降到一位数增长，而2012年和2013年的年增长率进一步回落到7.7%。由此我们可以看出，中国经济增长速度已经从高速或者是超高速增长逐渐回落转向到中高速增长。实际上增速回落是一种经济规律，世界经济史研究表明：任何国家或地区在保持一段时间的高速增长之后，均会呈现增速"换挡"现象。日本国内生产总值增速在1950—1972年年均近10%，1973—1990年期间下降近5%，1991—2012年期间增速更是下降到了不到1%；韩国国内生产总值增速1961—1996年期间年均为8%，1997—2012年期间下降到了4%；我国台湾地区国内生产总值增速1952—1994年期间年均不到9%，1995—2013年期间下调至4%。而从2013年世界经济发达国家的增长速度来看，美国和日本是2%、英国是1%、德国还不到1%。而我国2013年的GDP增速为近8%，与其他经济大国相比较仍是"高速"。所以，在由高速增长换挡至中高速增长的过程中，我们应当遵循经济发展规律，用"平常心"对待中高速增长的新常态。

2. 增长动力由要素驱动、投资驱动转向创新驱动

在过去的几十年里，中国的经济发展走的是高消耗、高污染、高投入、低产出的道路，伴随劳动力、资源、土地等要素的价格上涨，仅仅依靠低成本要素发展经济的方式已经难以为继。面对世界新一轮的工业革命和科技创新浪潮，习近平在十八届中央政治局第九次集体学习时强调，我们要时刻保持忧患意识，及时抓住新一轮产业变革和科技革命发展的机遇。所以，通过供给的创新来刺激需求就显得尤为重要，这样有利于保证内需在推动经济发展中继续发挥基础性作用。今后，中国经济发展逐渐转入增速"下台阶"、质量"走上去"的创新驱动型的新常态阶段。

从生产要素相对优势审视经济新常态。从当前来看，改革开放40多年后的中国人口红利迅速消解，劳动力价格成本不断上升，人口老龄化趋势

明显，低成本的廉价劳动力优势减弱，要素的规模驱动力减弱。因此，新的条件下，促进经济的增长需要更多依靠劳动力素质及技术要素，重视和推动创新，使其成为驱动发展新引擎，从而更好地以创新驱动引领经济新常态。与此同时，中国的出口仍然保持竞争优势，大规模的"走出去"与高水平的"引进来"继续推进，使中国能够在瞬息万变的世界经济格局中顺利适应经济新常态，获得稳定发展。

3. 产业结构由中低端水平转向中高端水平

自 1978 年以来，中国的产业结构主要集中在全球价值链的中低端，比较优势较低。但是，随着我国逐步采取优先发展先进制造业和生产性服务业，推动战略性新兴产业，逐步化解过剩产能和淘汰落后产能等一系列新措施，不断提升我国产业在全球价值链中的地位，构建了经济新常态下的"中国效益"。从 2013 年起，中国产业结构出现了重大变化：第三产业增加值占 GDP 的比重达到了 41.6%，首次超过第二产业，标志着中国经济正式迈入"服务化"时代；2017 年，经初步核算，全年国内生产总值 827 122 亿元，比上年增长 6.9%。其中，第一产业增加值 65 468 亿元，增长 3.9%；第二产业增加值 334 623 亿元，增长 6.1%；第三产业增加值 427 032 亿元，增长 8.0%。第一产业增加值占国内生产总值的比重为 7.9%，第二产业增加值比重为 40.5%，第三产业增加值比重为 51.6%。[①] 这不仅标志着第三产业的发展可持续成为我国经济发展的新型动力引擎，更预示着我国产业结构进一步由中低端向中高端深化，价值链的中高端效益溢出更趋明显。

"新常态"下，从生产能力和产业组织方式审视经济新常态。现代传统产业的供给大大超过市场需求，出现严重的产能过剩，但是也出现了有效供给不足的难题。这就要求必须加快产业结构的调整和转型升级，通过企业的兼并、重组等方式，实现生产的相对集中。

4. 发展方式从规模速度型转向质量效率型

从世界历史发展历程来看，发展方式由规模速度型转向质量效率和集约型是实现经济强国的关键。自党的十八届三中全会以来，市场发展的重点和重心都发生了不同程度的改变。因此，进一步深化改革开放，统一全

---

① 国家统计局. 中华人民共和国 2017 年国民经济和社会发展统计公报 [EB/OL]. http：//www.stats.gov.cn/tjsj/zxfb/201802/t20180228_1585631.html，2018-02-28.

国市场、提高资源配置效率，提升市场竞争力。习近平曾指出："我们不再简单以国内生产总值增长率论英雄，而是强调以提高经济增长质量和效益为立足点"[1]，"经济发展进入新常态，没有改变我国发展仍处于可以大有作为的重要战略机遇期的判断，改变的是重要战略机遇期的内涵和条件；没有改变我国经济发展总体向好的基本面，改变的是经济发展方式和经济结构"[2]。"新常态"下的中国经济结构需要作出深度的调整，实现从增量扩张为主转向调整存量、做优增量并存，经济发展动力从传统增长点转向新的增长点。尤其对于很多欠发达地区来说，必须增强加快转变经济发展方式的自觉性和主动性，把调结构、提质量、增效益放在经济工作的首位，重点解决经济发展结构不优、质量不高、效益不好的问题，把重力点集中到推进新型工业化、新型城镇化、农业现代化、信息化深度融合上来。准确定位和把握稳增长与促改革的结合点，找准稳定增长和强劲创新突破点，把握好稳增长与调结构的平衡，把改革攻坚、创新驱动、结构调整作为关键点和重中之重。传统产业经过几十年高强度大规模开发建设和积累已经趋向饱和，在"新常态"下，创新成为推动经济发展的新动力。在这一背景下，新产品、新技术、新业态、新商业模式逐渐成为新的经济竞争优势，对它们的投资空间不断扩大，而新的投资机会的涌现对投融资方式的创新提出了新期待。

5. 市场作用由基础性转向决定性

习近平指出："我们全面深化改革，就要激发市场蕴藏的活力。"[3] 党的十四届三中全会曾提出"建立社会主义市场经济体制，就是要使市场在国家宏观调控下对资源配置起基础性的作用"，而党的十八届三中全会在《中共中央关于全面深化改革若干重大问题的决定》中进一步明确"全面深化改革必须发挥经济体制改革的牵引作用，紧紧围绕市场在资源配置中起决定性作用深化经济体制改革"。市场由"基础性作用"升至"决定性作用"，这是对市场的全新理解，科学审视，一方面体现了我国经济发展的必然规

---

[1] 习近平. 习近平谈治国理政（第一卷）[M]. 北京：外文出版社，2018：345.

[2] 习近平. 习近平谈治国理政（第二卷）[M]. 北京：外文出版社，2017：234.

[3] 习近平. 谋求持久发展 共筑亚太梦想——在亚太经合组织工商领导人峰会开幕式上的演讲[N]. 人民日报，2014-11-10.

律，另一方面也从实践上予以印证。习近平强调："准确定位和把握使市场在资源配置中起决定性作用和更好发挥政府作用，必须正确认识市场作用和政府作用的关系。政府和市场的关系是我国经济体制改革的核心问题。党的十八届三中全会将市场在资源配置中起基础作用修改为起决定性作用，虽然只有两字之差，但对市场作用是一个全新的定位，'决定性作用''和基础性作用'这两个定位是前厉衔接、继承发展的。"[①] 以经济风险积累和化解的角度审视经济，随着经济增长速度减缓，以往积累的各种隐性的风险逐渐显现，这些风险以高杠杆和泡沫化为主要特征，从整体上来说这些风险是可控的。"新常态"下，结合资源配置模式和宏观调控方式，综合刺激政策的边际效应明显下降，不仅要通过发挥市场机制的作用以探索产业发展的未来方向，也要充分解决产能过剩的问题，要把握总供给和需求关系的新变化，科学实施宏观调控。

6.经济福祉由非均衡型转向包容共享型

在经济发展新常态下，全面深化改革必须以增进人民福祉、促进社会公平正义为起点和归宿。由非均衡型转向包容共享型这一趋势，主要表现在城乡二元结构逐步向一元结构转型和区域协调发展不断得到改善。党的十九大报告中指出，我国现如今关系国计民生的根本大问题就是"三农"问题，这也是我党今后工作中的重点。秉承将农业农村打造成一个产业兴旺、生态良好、文明乡风、生活富裕的新时代的发展理念，建立科学的经济发展政策制度，推进"三农"的现代化建设。[②] 这里提到，由于资源的过度开采和浪费，生态环境遭到严重的破坏，环境的承载能力已经达到或接近上限。这要求必须继续坚持节约资源和保护环境的基本国策，加大环境保护力度，更加自觉地推动形成新的绿色、低碳、循环的发展模式。此外，报告第一次提出了"城乡融合发展"，与2006年党中央关于建设"生产发展、生活富裕、乡风文明、村容整洁、管理民主"社会主义新农村的提法相比，把"产业兴旺、生态宜居、乡风文明、治理有效、生活富裕"作为城乡融合发展的总要求，更加强调了我国新型城镇化发展进程中城乡发展的有机

---

① 习近平.习近平谈治国理政（第一卷）[M].北京：外文出版社，2018：117.
② 习近平.决胜全面建成小康社会 夺取新时代中国特色社会主义伟大胜利——在中国共产党第十九次全国代表大会上的报告[M].北京：人民出版社，2017.

联系和相互促进，把乡村的发展与城镇的发展作为一个有机整体，不再仅限于从乡村本身思考乡村的发展问题，体现我国城乡关系发展思路从"城乡二元"到"城乡统筹"、再到"城乡一体"、最终到"城乡融合"的根本转变，确立全新的城乡关系，不仅是我国城乡关系发展思路的与时俱进，更是城乡关系有效适应经济发展新常态的重要彰显。与此同时，十九大报告充分体现了党和国家对"三农"问题的高度重视，使一系列支农、强农、惠农的政策得到实施，基本建立了覆盖城乡的基本公共服务和社会福利网络。乡村振兴战略的提出与落实不仅是解决好"三农"问题的总体方略，更是新时代经济发展新常态"以人民为中心"发展旨归的重要体现。所以，从城乡关系变化和区域协调发展等方面可以看出，经济福祉逐步走向包容共享型将是经济发展新常态下的必然趋势。

综上所述，习近平依据我国经济发展的阶段演化现状，即形态更高级、分工更复杂、结构更合理，判断出中国经济发展正步入新常态，科学地总结出经济发展新常态的丰富意蕴及转化趋势。可以说，习近平经济新常态思想揭示了消费、产业、人口、环境等方面的阶段性特点，说明中国经济已经开始起动更高级形态、更明确分工和更合理结构的演化进程。这一思想是对我国经济发展阶段性特征的高度概括，是制定当前及未来一个时期我国经济发展战略和政策的重要依据，深刻地反映了以习近平同志为核心的党中央对中国特色社会主义经济发展规律认识的深化。想要正确认识经济新常态，就要准确把握经济新常态的基本特征，这对今后主动适应新常态，科学引领新常态的政策选择具有重要的导向意义。

三、我国房地产新常态及其风险类型

随着改革开放的稳步推进，我国房地产建设和管理制度逐步放开，房地产行业经过几十年的发展，房地产市场逐步建立并不断完善，房地产成为中国经济发展的"晴雨表"。梳理我国房地产市场发展过程，大致可以划分为6个阶段，即市场确立起步阶段、市场过热发展阶段、市场调整发展阶段、市场快速发展阶段、市场风险调控阶段、市场深度调整阶段。其中，市场风险调控阶段尤为关注，直接影响我国房地产市场乃至经济社会的稳定大局，该阶段以2014年中国经济发展进入新常态为起点，房地产投资、交易、价格增幅均呈现明确变化趋势，以区域分化严重、房地产库存量较大为标志，党中央、国务院高度重视。2014年中央经济工作会议上明确提出，要高度关注房地产市场调整带来的潜在风险，坚持稳定市场和防范风险并重，发挥地方政府在房地产市场调控中的主体作用，有些可能引起市场剧烈波动的措施要审慎出台，避免引起大起大落。因此，2014年中国房地产市场进入新常态以后，需要正确认识和把握新常态下的房地产风险类型。下面笔者从"新常态"概念入手，详细阐述新常态下房地产的风险类型。

（一）中国房地产市场"新常态"

"新常态"是一个经济术语，即经济增速由高向中高转变、经济结构优化升级、要素与投资驱动转向创新驱动[1]。"新常态"是跟"旧常态"相比较而言的，过去我国的经济增长速度非常快，伴随着出现经济结构失衡、资源利用效率低下、收入分配不公、环境污染等一系列问题。进入2014年以来，从制造业采购经理指数（PMI）、消费者信心指数（CCI）等先行指标，货币供应量、利率水平等金融指标，以及电量消耗、铁路货运、GDP增速等实体经济指标数据等方面的分析，国内专家学者给出了我国宏观经济步入"新常态"的基本判断[2]。习近平在2014年的APEC工商领导人峰会指出，中国经济呈现新常态，有几个主要特点。一是经济从高速增长转为中高速增长。二是经济结构不断优化升级，第三产业消费需求逐步成为主体，城乡区域差距逐步缩小，居民收入占比上升，发展成果惠及更广大民众。三是从要素驱动、投资驱动转向创新驱动[3]。

中国经济新常态是社会主义市场经济周期波动的必然阶段，经济新常态下要不断优化经济结构，以创新驱动经济发展不断优化经济结构，以创新驱动经济发展增加有效需求，保持宏观经济的比例协调；防范金融风险，加快收入分配制度改革，实现经济的长期稳定可持续发展。经济新常态下我国经济发展面临巨大风险，需要经济增长模式的转型，新旧动能的转换，

---

[1] 王一鸣. 全面认识中国经济新常态[J]. 求是，2014（22）：32-34.
[2] 张占斌，周跃辉. 关于中国经济新常态若干问题的解析与思考[J]. 经济体制改革，2015（01）：34-38.
[3] 同②。

过去主要依靠投资、出门、资源投入的增长模式，新常态下需要转换为以国内需求为主、以生产率进步为主的增长模式，实现追求速度到追求质量效益的转变。新常态下我国经济发展需要加快产业升级和产业转型的步伐，进一步转变经济增长方式，实现从传统依赖房地产及高耗能耗资源等产业结构向新兴产业转变。

中国房地产市场进入"新常态"，是指房地产经济由高速增长期转为理性回调期，房地产市场发展的"新常态"代表着房地产市场已经进入一个不同于以往的、相对意义上的时间和空间状态[①]。新常态下的房地产是具有高效率、低风险、可持续发展内涵的房地产，市场供求关系均衡、投资增速趋缓、价格基本平稳。进入2014年2季度中期，过去房地产价格持续上涨的状态被改变，表现出不同的发展特征。一般来说，经济学家习惯用3个月时间衡量现实生活是不是某种经济状态，而中国房地产市场从2014年5月以来，连续8个月时间出现价格回调[②]。因此，国内专家学者认定中国房地产市场进入"新常态"，在此背景下，中国房地产市场呈现以下几个新特征。

1. 房地产投资增速呈现新变化

在经济发展进入新常态下，我国宏观经济增速由过去的两位数增长下降至个位增长，房地产投资增长速度进入换挡期[③]。国家统计局公布的2014年前7个月数据显示，房地产开发投资增速为13.7%，较2013年同期下降6.8%。新经济常态下，我国将会依靠创新驱动经济发展，不能依靠房地产投资带动经济发展，过去几年房地产价格涨幅过大，已成为内生经济增长动力形成的障碍。在经济结构调整和发展方式转变的过程中，房地产投资增速放缓，是新常态下房地产市场的显著特征。

2. 房地产价格波动出现新调整

从1998年的住房制度改革到2014年初期，中国房地产市场总体上呈

[①] 钟荣桂，江丽. 中国经济新常态与房地产市场风险防范[J]. 现代管理科学，2017(04)：103-105.

[②] 席枫，孙钰，刘双良. "新常态"下中国房地产市场价格态势及对策分析[J]. 价格理论与实践，2015(01)：52-54.

[③] 任兴洲. 经济新常态下房地产市场的发展[J]. 中国房地产，2015(05)：25-26.

现持续上涨的价格走势。进入 2014 年 7 月份，全国 70 个大中城市中新建商品住宅价格环比下降的城市有 64 个，全国主要城市房价可能会出现下调的趋势。新常态下，房地产价格只涨不跌的现象并不符合市场规律，也容易形成房地产价格泡沫。新常态下，我国房地产价格将从过去单边上涨逐渐向双向波动发展，房地产价格将将出现区域分化。

3.房地产结构调整呈现新趋势

房地产市场的新常态加快了产业结构调整速度，由于新常态下房地产业利润率将向社会平均利润率回归，降低了企业对房地产投资的积极性，同时加快了房地产优胜劣汰进程。在房地产市场出现周期性调整压力下，部分规模小、实力弱、资金紧张的中小房地产开发企业将面临被市场淘汰，一批僵尸企业将被清理出房地产市场，具有较大开发实力的房地产开发企业也面临结构调整的压力，房地产行业将会出现兼并重组、优胜劣汰的局面。

4.政策对市场影响出现新趋向

房地产市场发展初期，政策因素起到关键性作用，尤其是金融政策直接影响行业的发展速度。我国房地产市场总体容量大，市场规律自发作用，政策因素对市场的影响作用将逐渐缩小。新常态下，房地产金融政策已经出现调整，从过去盲目支持转变为有选择性地参与，已重视房地产金融风险的暴露[①]。房地产对金融政策依赖关系将会逐渐削弱，这有助于金融机构防范风险，进而实现房地产金融资产质量的平稳运行。

（二）新常态下城市房地产风险类型

由于学术界对"风险"的内涵没有统一的定义。对风险的理解和认知程度及研究角度不同，对风险研究的界定也不同。总体来讲，风险的定义主要有广义风险和狭义风险两种：广义风险是在给定条件下和特定时期内，未来结果变动的不确定性，这种不确定性既包括收益也包括损失，由资产收益分布的方差测度；狭义风险只表现为未来损失的不确定性，测度方法一般采用 VaR 法（风险价值模型）。本书的"城市房地产风险"是指"狭义风险"，指新常态下由于宏观调控及房地产市场等因素而导致的房地产供求出现严重矛盾，导致房地产普遍性的价格严重上涨，从而造成个人、

---

① 邹士年. 新常态下房地产市场调控政策取向研究 [J]. 中国物价，2015（07）：62-64.

企业和社会财富损失,具体表现为价格泡沫风险、库存过剩风险、房地产资金链风险、住房政策和城市环境风险,其他类型的风险暂不在本书的研究范畴。从总体上看,新常态下我国城市房地产市场呈现平稳健康发展的态势,但在某些地区出现库存量过大、价格上涨过快、结构不合理等突出问题,将引发房地产市场风险,必须加以防范。基于此,新常态下城市房地产市场风险类型主要有以下几个。

1. 住房库存过剩风险

根据国家统计局发布的有关数据,2020年底全国商品房库存超70亿平米去化周期48.9个月。广义库存规模仍大,地产存在去库存压力。

其一,销售小幅增长,库存去化有限。商品房待售面积是衡量房地产库存最直接的指标。2020年初由于疫情的冲击,商品房销售明显遇冷,前两个月增速低至接近-40%,这也使得商品房库存被动回补,待售面积累计同比增速曾突破2%。而随着疫情逐渐得到控制,商品房市场重新回暖,2020年全年商品房销售面积较2019年增长2.6%,但与此同时,商品房库存去化幅度相对有限,2020年底商品房待售面积基本和2019年底时持平。今年前两个月数据受到疫情导致的基数干扰,事实上当前待售面积相比于2019年前两个月仍增长0.3%。[①]

其二,库存销售比同期新低。库存销售比(商品房待售面积/过去三个月销售面积均值)是从库存的消化速度来衡量库存的相对水平。由于商品房销售增速的加快,从库存销售比反映的情况来看,2020年下半年以来房地产库存的去化速度处于近五年的同期新低。[②]

其三,广义库存规模仍大。但事实上,仅通过待售面积指标来考察地产库存,会形成显著的低估。因为待售面积只包含已竣工但未销售或出租的商品房面积,而没有考虑已开工未竣工的未销售期房。若以历年累计新开工面积与历年累计销售面积之差来构建更广义的地产库存指标,我们发现,2020年底全国商品房广义库存超过70亿平方米,库存增速较2019年

---

① 2020年底全国商品房库存超70亿平米 去化周期48.9个月_岳阳搜狐焦点[EB/OL]. https://yy.focus.cn/zixun/a74e770b908b3d2c.html.

② 2020年底全国商品房库存超70亿平米 去化周期48.9个月_岳阳搜狐焦点[EB/OL]. https://yy.focus.cn/zixun/a74e770b908b3d2c.html.

有所走低，但仍高于2016—2018年的增速水平。[①]

其四，广义库销比回升，地产仍处去库阶段。而以广义库存计算的库存销售比来看，2020年底全国商品房和住宅的库存去化周期分别为48.9个月和20.9个月，较2019年底均有上升，其中商品房库存销售比回升幅度更大，反映地产行业仍有不小的去库存压力。[②]

由于数据披露尚不完全，我们很难准确地计算出各个城市当前所面临的地产库存压力。但从10大城市商品房库销比来看，1月和2月均是在不到10个月的水平，低于过去两年同期，和2018年同期值比较接近。这意味着高线级城市地产库存去化的压力或许并不算大，可能还是低线级的三、四线城市面临库存的困扰。

2. 住房价格泡沫风险

2016年以来，在经济下行压力和库存水平依然较高的背景下，中央宏观政策以稳为主，保持经济增长和就业稳定，地方则更灵活主动，因城施策更细化，房地产价格增长较快。国家统计局发布的数据显示，价格方面，70个大中城市住宅销售价格环比上涨城市个数继续减少，涨幅继续收窄，同比上涨个数继续增加，但涨势放缓。综合起来看，2016年上半年房地产市场预期明显改善、消费者集中入市，一线和部分二线城市房价涨幅远超市场承受力，且杠杆率极高，房价上涨压力依然较大，因此必须高度警惕价格泡沫风险，防止因房地产价格过快增长引起系统性风险。

3. 房地产资金链风险

2020年，龙头房企销售迎来"开门红"。另外，从销售端来看，2020年前两个月"五大"和百家龙头房企销售面积同比增速分别高达33%、76%，即便考虑到2020年同期由于疫情导致的低基数，这一增速依然明显偏高。可以说，今年房地产企业在销售上迎来了"开门红"。前两个月全国地产销售面积同比增速也攀升至105%，两年平均增长11%，较2020年底增速基本保持稳定。但库存较高融资受限，拿地下降拖累投资。

---

① 2020年底全国商品房库存超70亿平米 去化周期48.9个月_岳阳搜狐焦点[EB/OL]. https://yy.focus.cn/zixun/a74e770b908b3d2c.html.

② 2020年底全国商品房库存超70亿平米 去化周期48.9个月_岳阳搜狐焦点[EB/OL]. https://yy.focus.cn/zixun/a74e770b908b3d2c.html.

其一，销售一旦放缓，去化压力更大。虽然从狭义的库存销售比来看，地产库存压力并不明显，但这是建立在较快销售增速的基础上。2021年2月41城首套房贷利率环比上升4BP（基点），已经回到2020年7月的水平，而房贷利率的抬升将会拖累地产销售增速的走低，一旦销售放缓，则地产库存去化压力将进一步加大。

其二，资金依赖销售回款，潜在影响同样不小。房地产企业的开发资金很大程度上依赖于销售回款。从2020年的情况来看，房地产开发资金中有15.5%来自个人按揭贷款，34.5%来自定金及预收款，几乎一半的房地产开发资金都和地产销售紧密相关。地产销售增速一旦走低，房企资金压力也将有所上升。

其三，库存较高融资受限，拿地意愿并不积极。在地产库存较高、内外部融资受限的情况下，房地产企业拿地意愿并不积极。从百城土地成交所反映的情况来看，今年前两个月成交面积增速由正转负、显著下滑，而剔除基数影响的全国购置土地面积增速跌幅也有所扩大。这会逐渐传导到开工端，今年前两个月新开工面积同比增长虽高达64%，但两年年均增速仅有-4.8%，明显低于2020年底的水平。

其四，建安部分作用增强，开工回落拖累增长。2019年以来，建安和设备投资对房地产投资的拉动作用不断加强，而和土地购置相关的其他费用部分作用有所下降。2020年房地产投资增速7%，其中建安和设备投资贡献了超过4个百分点。如果新开工面积增速回落，则势必拖累建安投资部分增长，从而使得地产投资前景蒙尘。即便去年土地成交价款存在着大幅增长的情况，或将滞后反映在土地购置费上，支撑地产投资中的其他费用部分。但事实上，这部分的增长相对于建安投资而言，对于实体经济并没有很强的拉动作用，也不直接计入GDP中。

其五，投资中枢若下移，上游也将受考验。对于主要靠地产需求拉动的中上游行业而言，地产投资增速中枢的下降无疑也会增加其库存去化的压力，如钢材社会库存已经创下除2020年以外的同期新高，即便供给端可能存在收缩的利好，如此规模的库存在当前环境下较快去库存化可能也并非易事。

4.住房政策和城市环境风险

房地产市场受土地、信贷、税收政策影响显著，一旦出台或者调整上述政策将会给市场带来波动。2015年，政府取消一系列限制性措施，一、二线城市房地产交易明显上升，三、四线城市房地产库存量依然较大。2016年以来，政府继续调整房地产相关政策，如房地产土地供应政策、商品房信贷政策、商品房交易环节税收政策、住房公积金制度、鼓励农民进城购买财政补贴、住房租赁市场政策等，房地产市场消费需求迅速加大，同时，城市基础设施的水平、轨道交通建设、教育医疗状况等环境因素与房地产市场发展也密切相关。

2020年调控措施频出，效果尚未显现。2020年底2021年初以来，房地产行业的调控措施频频出台。2020年12月，央行和银保监会联合发布《关于建立银行业金融机构房地产贷款集中度管理制度的通知》，划定银行业金融机构房地产贷款和个人住房贷款的占比上限。多个地市也开始清理贷款违规流入房地产市场等问题。据中原地产研究中心的统计，截至2月底，今年以来各地与房地产市场有关的楼市调控次数已高达87次。居民中长贷同比高增。但调控政策的效果目前还未充分显现。一方面，从融资端来看，今年前两个月，居民部门中长期贷款同比多增超过5 500亿元，月均多增2 850亿元，远远超过2018年以来各月水平，而居民中长贷多增背后就和居民购房行为密不可分。

政策的调整和环境的变化将直接引导购房者的消费预期，一旦政策环境变化过大或者过快，将导致房地产市场发生风险，必须谨慎出台有关政策，科学把握好时机和节奏，符合房地产市场发展的实际。

第二章 经济新常态下我国房地产经济可持续发展的理论基础及现实依据

研究经济新常态下我国房地产经济可持续发展问题，必须有一套完整的基础理论和现实依据为支撑。通过对马克思主义政治经济学、房地产经济发展、房地产风险管理及中国房地产调控政策等有关文献的系统分析，结合研究要点，本章将重点介绍马克思主义政治经济学相关理论、房地产经济周期理论、风险管理理论、房地产市场调控理论等基础理论及中国房地产政策调控有效性分析，作为本书研究的理论基础和现实依据。

一、理论基础

（一）马克思主义政治经济学相关理论

2015年11月，习近平在主持中共中央政治局第二十八次集体学习时明确指出，在复杂多变的国内国外经济形势及多种纷繁的经济现象双重背景下，若想准确地把握社会经济发展规律，科学地拥有分析经济的能力，清楚地认识经济运动的过程，提高掌控社会主义市场经济能力，就需要学习马克思主义政治经济学基本原理和方法论。[1]2016年5月，在哲学社会科学工作座谈会上的讲话中，习近平明确强调马克思主义揭示了事物的本质、内在联系及发展规律，是"伟大的认识工具"，是人们观察和分析问

---

[1] 习近平在中共中央政治局第二十八次集体学习时强调：立足我国国情和我国发展实践 发展当代马克思主义政治经济学 [N]. 光明日报, 2015-11-25.

题时所用到的强大武器①。习近平这些重要论述深刻折射出了经济发展新常态思想所蕴含的深厚的马克思主义，特别是政治经济学的理论底蕴。

1. 社会经济形态的演进是一个自然历史过程

马克思主义明确指出，社会经济形态是人类在一定历史发展阶段上生产关系的总和。但是，马克思主义始终是联系生产力来研究生产关系的性质及其演变。马克思和恩格斯通过生产力和生产关系之间矛盾相互运动的原理揭示了人类社会经济发展变化的基本规律，明确指出社会生产的过程不仅仅发生在人与自然的相互作用关系中，还会在人与人之间的联系中加以表现。前者形成生产力，后者催生社会关系。而且，两者密不可分，前者对后者起决定性作用，后者又反作用于前者。在他们看来，人类的全部社会运动的基础就是由生产力和生产关系的矛盾构成的。同时，马克思和恩格斯经过研究发现："一定的生产方式或一定的工业阶段始终是与一定的共同活动方式或一定的社会阶段联系着的，而这种共同活动的方式本身就是'生产力'……"②因此不难看出，社会的整体情况是由人们所创造出的生产力的集合决定的，所以，我们在研究和探讨社会生产发展情况的时候，要把人类历史与工业历史，乃至交换历史联系起来。恩格斯在后来的研究中指出，我们通常被简单的事实或是道理迷惑了双眼，人们历来都是在从事政治、宗教、艺术、科学等各项活动之前，首先都要解决吃、穿、住、行问题，这在人类历史的发展中从未改变，是一条人类发展规律。所以说，如果一个民族、一个时代要取得一定的经济发展，就必须以生产直接的物质生活资料作为前提和基础。可见，"人们的国家制度、法的观点、艺术以至宗教观念，就是从这个基础上发展起来的，因而，也必须由这个基础来解释，而不是像过去那样做得相反"③。

人类社会的发展与自然界息息相关，不可分割，这一事实贯穿于整个生产力和生产关系的矛盾运动过程中。因为各种自然因素通过运动源源不

---

① 习近平主持召开哲学社会科学工作座谈会强调：结合中国特色社会主义伟大实践 加快构建中国特色哲学社会科学 [N]. 人民日报，2016-05-18.

② 中共中央马克思恩格斯列宁斯大林著作编译局编译. 马克思恩格斯选集（第一卷）[M]. 北京：人民出版社，2012：160.

③ 中共中央马克思恩格斯列宁斯大林著作编译局编译. 马克思恩格斯全集（第十九卷）[M]. 北京：人民出版社，1963：374-375.

断地渗透到社会中,使社会变成一种高度"人化的自然"。我们可以理解人与自然之间进行的物质交换行为及过程,从某种程度上说就是人类赖以生存和发展的物质生产过程,人在整个过程中所扮演的角色就是自然力和自然界相互交换的媒介。如果把物质生产过程本身看作一种自然发展过程,那么就可以从广义的自然概念来看物质生产规律和经济发展规律,它们都是一种自然规律。与此同时,经济的生产活动和物质变革活动,就成为"可以用自然科学的精确性指明的变革"[1],而社会经济形态的发展演变或是更迭交替就成为社会经济运动中比较显著的表现,成为"既不能跳过也不能用法令取消"的"自然的发展阶段"。或者我们可以说,自然界变化发展的必然结果是形成人类社会,这也是自然界发展的最高产物。人通过劳动改变世界,创造了世界历史,这整个过程都是自然生成的。在马克思、恩格斯看来,社会发展的合力是在人们有意识、有目的的活动开始发生方向的背离和偏差而产生冲突矛盾和行动错误时形成的。在这种社会合力发展演变的背景下,个人就如同自然界中的物质,处于变化演进的过程中,并不能单独决定这种合力演变的发展和方向。因此,"在历史领域内造成了一种同没有意识的自然界中占统治地位的状况完全相似的状况"[2],就像客观规律一样,社会的客观必然性的功效如出一辙。基于以上两方面意义,马克思认为,社会经济形态沿着自然历史规律同前发展。一个社会即便是找到了自身客观规律,也不能违背这一规律。马克思在给约·布洛赫(Jo Bloch)的信中提到,纵观历史进程,社会发展一直是在客观规律的作用下不断前行,不只是过去,将来也会按照这一规律持续发展。可以说,人类社会经济形态的更迭充分展现了历史唯物主义的基本观点,以一个自然历史发展的角度,揭示了社会的发展性质和发展过程。

马克思主义社会经济形态理论深刻说明了一个国家经济运动背后的客观历史逻辑,充分说明了科学把握特定阶段生产力发展状况和要求的必要性和重要性。作为一种社会经济现象,可以把经济新常态纳入社会经济形

---

[1] 中共中央马克思恩格斯列宁斯大林著作编译局编译.马克思恩格斯选集(第二卷)[M].北京:人民出版社,2012:3.

[2] 中共中央马克思恩格斯列宁斯大林著作编译局编译.马克思恩格斯选集(第四卷)[M].北京:人民出版社,1995:247.

态范畴。中国经济发展进入新常态虽然没有改变现阶段中国社会经济形态的性质，但它却反映了社会主义经济形态一旦确立以后，也要经历一个不断变化的历史过程。2015年12月，习近平在中央经济工作会议上明确指出，我国经济已经走过了粗放发展和简单分工的低级阶段，目前正在向集约发展和复杂分工的高级形态过渡，这是客观规律。不管主观意识如何，客观规律不能违背。如果还想回到粗放发展的老路，国际国内已经不认可，如果不尽快适应，就是死路一条。[①] 在谈到怎么做时，他明确强调："推进供给侧结构性改革，是适应和引领经济发展新常态的重大创新，是适应国际金融危机发生后综合国力竞争新形势的主动选择，是适应我国经济发展新常态的必然要求……"[②] 这充分表明，经济发展新常态思想的提出正是在遵循马克思主义关于社会经济形态运动原理，特别是其中蕴含的生产力和生产关系矛盾运动规律的前提下，科学把握我国发展的阶段性特征，科学判断经济体内部要素之间相互作用的必然结果。

2. 马克思的绝对地租理论

马克思的绝对地租理论在他的全部经济学说中占重要地位。马克思认为，他的绝对地租理论的创立，不仅对他的整个经济学体系有重要的意义，认为"不考察这一点，对资本的分析就是不完全的"[③]，而且认为这一发现对无产阶级革命斗争具有重大意义。

按照马克思的见解，在资本主义社会形态下，即使最劣等的土地也要产生地租（绝对地租）。这是因为，土地所有者决不允许别人无偿地使用他的土地。从事农业经营的资本家不支付地租，就不能取得土地的使用权，就不能进行投资。资本家投资的目的是赚取利润，而且要求取得社会平均利润。因此，最劣等的土地能够被经营，必须满足两个条件：一是投入土地的资本能够得到社会平均利润；二是在这个平均利润之上还必须有一个余额（用来支付绝对地租）。转化为绝对地租的超额利润是从哪里产生的呢？根据当时资本主义农业发展的状况，即农业资本有机构成低于社会资本平均构成的状况，马克思指出，在这种条件下，因为农业资本有机构成低，

---

① 中央经济工作会议在北京举行[N]. 人民日报，2015-12-22.
② 习近平. 习近平谈治国理政（第二卷）[M]. 北京：外文出版社，2017：244.
③ 马克思. 资本论（第三卷）[M]. 北京：人民出版社，1957：694.

因而同量资本能够推动更多的活劳动，创造出更多的剩余价值。这种情形虽然在非农业生产部门也会发生，但因为资本能够自由流动，竞争的结果终究会使利润率平均化。而在农业中，由于土地有限及土地所有权的垄断，资本不能随便流入，因此，农业工人所创造的超过平均利润率的剩余价值，不参与利润的平均化。这样，农业产品的价值与生产价格之间出现一个差额。这个差额，就成为绝对地租的来源。

因此，马克思认为地租反映一种社会关系，是土地所有权在经济上得以实现的形式，土地所有权的存在和垄断是产生地租的根本原因。马克思还从质和量两个方面对地租进行分析。从质的方面，土地所有权集中体现在绝对地租上。这一点对我们正确理解社会主义地租的实质和存在性具有重要的现实意义，而且我国实行的土地有偿使用和有限期使用制度的理论，正是由此推导出来的。从量的方面，地租分为级差地租Ⅰ、Ⅱ两种形式，由于所使用的土地本身状况及使用者投资等方面的不同造成地租量的差异。这一点对我们发展房地产业，促进土地资源合理配置，有一定的指导意义。

（二）中国化的马克思主义政治经济学相关理论

"习近平总书记指出，坚持和发展中国特色社会主义，必须高度重视理论的作用，增强理论自信和战略定力，对经过反复实践和比较得出的正确理论，要坚定不移坚持。"[①] 中国化马克思主义理论是马克思列宁主义在中国的运用和发展，是被实践证明了的正确的理论原则和经验总结。中国化马克思主义理论，特别是其中的关于社会主义社会矛盾理论、社会主义发展阶段理论是经济新常态下我国房地产经济可持续发展的理论基础。

1. 社会主义社会矛盾理论

社会矛盾是影响社会发展的重要力量，是一个国家和政党理论创新、实践创新的基本依据。而社会主义社会矛盾理论是中国化马克思主义理论的重要内容，其中虽然包括马克思主义关于社会矛盾的基本原理，但重点包括对我国社会主要矛盾的分析与判断。中国化马克思主义理论语境下的社会主义社会矛盾理论对中国特色社会主义经济建设具有十分重要的作用，

[①] 中共中央宣传部编. 习近平总书记系列重要讲话读本（2016年版）[M]. 北京：学习出版社，人民出版社，2016：33.

是习近平经济发展新常态思想形成的基本依据。在社会主义制度建立后，我们党和国家领导人高度重视社会矛盾问题，并就此进行了较为深入的探讨和研究。概括而言，对于社会主义矛盾理论，我们可以从主要矛盾和基本矛盾两个方面进行剖析。

（1）关于社会主义的基本矛盾

中国共产党人关于社会主义社会的基本矛盾理论为习近平分析把握中国经济发展规律提供了理论引导，是习近平经济发展新常态思想得以形成的重要理论依据。毛泽东坚持并运用马克思主义基本原理，在中国社会主义改造实践的基础上，全面地阐述了社会主义的矛盾问题。他指出：第一，社会主义社会之所以能够不断向前发展，是由社会基本矛盾推动的，而中国社会的基本矛盾仍然是生产力和生产关系之间的矛盾、经济基础和上层建筑之间的矛盾，它们渗透于社会的方方面面，贯彻于社会发展的始终；第二，社会主义的基本矛盾是人民根本利益一致的基础上的矛盾，并非对抗性质的矛盾，可以说它具有"相适应又相矛盾的特点"；第三，解决社会主义基本矛盾要依靠社会主义制度的自身力量，通过对生产关系和生产力、经济基础和上层建筑之间的调整和发展逐渐加以解决；第四，社会主义制度确立后仍存在两种不同性质的矛盾，一个是敌我矛盾，一个是人民内部矛盾，其中人民内部矛盾是我们需要重点关注的。[1]党的十一届三中全会以后，邓小平在充分肯定毛泽东对社会主义基本矛盾认识的基础上，明确指出："指出这些基本矛盾，并不就完全解决了问题，还需要就此作深入的具体的研究。"[2]于是，邓小平将社会主义基本矛盾现状进行了深入分析，在实践中继续发展和丰富了这一理论。他认为：社会主义制度建立后，仍然存在解放生产力的问题。所以，只要适应社会主义初级阶段的生产力发展水平的生产关系，我们都应允许其存在和发展。同时，需要将党和国家的工作重点转移到经济建设上来。

在深刻领会社会基本矛盾理论基础上，以习近平同志为核心的党中央深刻把握生产力与生产关系、经济基础与上层建筑之间的内在关系，立足于中国特色社会主义经济发展实际变化，作出了经济发展进入新常态的论

---

[1] 中共中央文献研究室编.毛泽东文集（第七卷）[M].北京：人民出版社，1999.

[2] 邓小平.邓小平文选（第二卷）[M].北京：人民出版社，1994：182.

第二章　经济新常态下我国房地产经济可持续发展的理论基础及现实依据

断,并逐渐形成习近平经济发展新常态思想。毋庸置疑,习近平经济发展新常态思想的孕育形成离不开对社会基本矛盾的认识和把握。在新的历史方位上把握社会基本矛盾,始终要遵循社会主义条件下的社会基本矛盾运动规律。生产力和生产关系的矛盾,以及经济基础和上层建筑之间的矛盾始终贯穿于任何社会时期,是人类社会历史发展的根本力量,也是推动中国特色社会主义经济发展、走向新常态的动力引擎。社会主义制度在中国的建立不仅是近代以来中国社会基本矛盾运动的必然结果,同时它的建立也彻底改变了以往以非公有制为基础的社会基本矛盾对抗性的性质和特点。迄今为止,只有社会主义制度才能使每一个社会成员平等地参与社会财富的创造,并且有权利分享社会财富的管理和分配。在科学地、有的放矢地进行社会生产的条件下,社会生产力能够得到长足的发展,从而使整个社会的每一个劳动成员都可以不断地满足生活的需求。社会主义制度条件下的社会基本矛盾的非对抗性集中彰显了掌握生产资料所有权后的无产阶级及其政党对发展动机、发展过程和发展目的的根本立场和态度。基于此,以习近平同志为核心的党中央遵循社会主义基本矛盾运动规律,在解决新时代社会主要矛盾的进程中,以促进人的全面发展为目标,以巩固和发展中国特色社会主义制度为根本前提,全面贯彻党的基本理论、基本路线和基本方略,并对中国特色社会主义经济社会发展状况有了一个比较准确的把握,从而形成独具中国特色的经济发展新常态思想。

（2）关于社会主义的主要矛盾

我国社会的主要矛盾是影响整个经济社会发展的主要因素,决定中国特色社会主义经济发展的基本趋势和发展方向,为习近平经济发展新常态思想的形成提供了主要的直接的依据。历史和现实表明:制定社会主义初级阶段基本路线不但要了解社会基本矛盾运动规律,还要揭示社会主义初级阶段的主要矛盾。对于我国社会主要矛盾问题的论断,毛泽东曾在党的八大中给予了明确阐释,他指出:"我们的国内主要矛盾,已经是人民对于建立先进的工业国的要求同落后的农业国的现实之间的矛盾,已经是人民对于经济文化迅速发展的需要同当前经济文化不能满足人民需要的状况之间的矛盾。"①但1957年后，党的"左"倾思想将无产阶级同资产阶级的矛盾提升为社会主义阶段的主要矛盾。直到十一届三中全会时，才又将社会主义主要矛盾转移到现代化建设上来。关于我国社会的主要矛盾，邓小平指出："我们的生产力发展水平很低，远远不能满足人民和国家的需要，这就是我们目前时期的主要矛盾，……"②其后，党的十一届六中全会对我国社会主要矛盾进行了明确阐述："在社会主义改造基本完成以后，我国所要解决的主要矛盾是人民日益增长的物质文化需要同落后的社会生产之间的矛盾。"从我国社会主要矛盾的不同阐释中可以断定，在社会主义初级阶段，随着我国生产力发展状况和人民生活需求的不断变化，社会主要矛盾和现实工作的焦点也会发生相应的变化。在党的十九大报告中，习近平作出了我国社会主要矛盾转化的重要论断："经过长期努力，中国特色社会主义进入了新时代，这是我国发展新的历史方位。"③这段话中提到的新历史方位，其突出特点就是我国社会主要矛盾已经发生了转化，从原来的"人民日益增长的物质文化需要同落后的社会生产之间的矛盾"转化为"人民日益增长的美好生活需要和不平衡不充分的发展之间的矛盾"。

中国革命、建设、改革实践证明，对特定历史时期社会主要矛盾的正确判断是对社会主义生产力和生产关系发展的基本规律的准确把握，是党精准把握中心任务，全面顺利推进其他一切工作的根本前提。在新的历史方位上把握社会主义主要矛盾的转化，首先，要清醒认识我国社会生产所发生的历史性变化。即便我国的国情仍然处于社会主义初级阶段，这种情况将持续很长一段时间，但对社会主要矛盾的新概括折射出了中国特色社会主义事业的深刻历史变革，反映了党紧密结合新的时代条件和实践要求，进一步强调了对社会主义基本矛盾规律的认识，不仅使对中国特色社会主义建设规律的认识更为深刻，而且还为形成中国特色社会主义新时代思想打下了坚实基础。在党的十一届三中全会作出改革开放的伟大决策之后，

---

① 中共中央文献研究室编.建国以来重要文献选编（第九册）[M].北京：中央文献出版社，1994：341.

② 邓小平.邓小平文选（第二卷）[M].北京：人民出版社，1994：182.

③ 习近平.决胜全面建成小康社会 夺取新时代中国特色社会主义伟大胜利——在中国共产党第十九次全国代表大会上的报告[M].北京：人民出版社，2017：11.

十一届六中全会首次提出了社会主要矛盾,并根据这一科学判断,使我国的改革开放和社会主义现代化建设取得了全面的伟大成就,从而使最为深刻的历史的变革悄然发生于整个社会。其中,最显著的是中国的生产力水平发展速度加快,有很多行业生产水平均名列世界前茅,落后社会生产已不再是构成解决社会主要矛盾的主要方面工作,而进一步发展面临的根本问题则是如何赋予社会生产能力以更高质量和更高效益。在十八届五中全会上,习近平总书记指出,过去我们常常以为一些矛盾和问题是由于经济发展水平低、老百姓收入少造成的,等经济发展水平提高了、老百姓生活好起来了,社会矛盾和问题就会减少。现在看来,不发展有不发展的问题,发展起来有发展起来的问题,而发展起来后出现的问题也并非比发展起来前少,甚至更多更复杂了。其次,在新的历史方位上把握社会主要矛盾的转变,更要清醒认识随着社会发展的进步,人民对生活已经有了更美好的期待。随着中国特色社会主义事业的发展,人民生活不断改善,人民获得感明显增强,但也要看到人民在物质文化需求得到基本满足的基础上日益对经济、政治、文化、社会和生态提出了更全面、更高的需求。而与这种需求形成明显现实反差的是,生产质量和效率仍然低、创新度不高、贫困人口仍然居多、城乡差距大。人们在养老、医疗、就业、教育等方面仍然存在很多问题和困难,与此同时,民主和法制的意识淡薄,缺乏公平和正义感,环境及安全等问题仍亟待解决。

  上述这些,都在一定程度上反映了我国经济发展进入新常态所带来的一系列变化。列宁说过,无论分析何种问题,都要将这一问题放到特定的历史大环境中。这也是符合马克思主义理论的,是它的必然要求。通过对社会主义制度建立,特别是对开启改革开放伟大实践以来的中国发展史进行深入的梳理和总结,可以肯定党的十九大报告对我国社会主要矛盾转变的重要论断的一个主要现实依据是我国经济进入发展新常态阶段,社会生产发生了历史性变化。同时,我国社会主要矛盾的发展变化也是影响中国特色社会主义经济发展转型的一个重要原因,更是习近平把握经济发展新常态、形成新理论的重要依据。

  2. 社会主义发展阶段理论

  任何一个经济发展理论都是社会发展阶段的理论反映,社会发展阶段理论为特定时期的经济发展提供思想指引。习近平的经济发展新常态思想就是对社会主义发展阶段认识深化的结果。在民主革命时期毛泽东就曾提出："认清中国的国情，乃是认清一切革命问题的基本的根据。"① 由此可见，认清国情显得尤为重要。若想清楚地了解国情，必须要了解社会的性质，把握社会的发展阶段。关于中国的社会主义发展阶段问题，毛泽东曾于1956年初，提出了我国的社会主义社会还处于不发达的重要论断。随后，在经历了"大跃进"和人民公社化运动后，毛泽东及时地汲取了经验和教训，强调在中国建设社会主义将是一个非常艰难的过程，进一步提出并阐述了我国社会主义发展阶段问题。他指出："社会主义这个阶段，又可能分为两个阶段，第一个阶段是不发达的社会主义，第二个阶段是比较发达的社会主义。后一个阶段可能比前一阶段需要更长的时间。"② 并且分析了社会主义和共产主义的不同之处，以及关于批评否认价值规律和等价交换等观点的行为，为今后继续探索社会主义社会的发展阶段道路作出了一定的探索，具有非常重要的理论和实践价值。

党的十一届三中全会，不仅对"以阶级斗争为纲"的错误路线及时加以修正，而且将今后的党和国家的工作重心转变为社会主义经济建设，由此，实践的根本出发点便成了我们在建设中的当务之急。十一届三中全会以后，邓小平就将我国的国情现状进行了归纳，主要集中表现在经济基础薄弱、人口基数大、社会生产力偏低，这些现状因素都直接决定了我国的不发达阶段将持续很长一段时间。1981年，党中央召开的十一届六中全会通过了《关于建国以来党的若干历史问题的决议》，第一次提出中国社会主义制度还处于初级阶段。在此基础上，中国共产党第十二次代表大会正式作出了"我国的社会主义社会现在还处在初级发展阶段"的论断，并提出"建设有中国特色的社会主义"的科学命题。随后邓小平指出："把马克思主义的普遍真理同我国的具体实际结合起来，走自己的道路，建设有中国特色的社会主义，这就是我们总结长期历史经验得出的基本结论。"③ 为了消除各种思想上的困扰，加快推进社会主义现代化实践，1987年，党的十三大在"沿

---

① 毛泽东选集（第二卷）[M]. 北京：人民出版社，1991：633.
② 中共中央文献研究室编. 毛泽东文集（第八卷）[M]. 北京：人民出版社，1999：116.
③ 邓小平. 邓小平文选（第三卷）[M]. 北京：人民出版社 1993：3.

第二章　经济新常态下我国房地产经济可持续发展的理论基础及现实依据

着有中国特色的社会主义道路前进"的主题下，进一步强调准确认清我国现阶段基本国情，即我国将长期处于社会主义初级阶段的重要性。在此基础上，十三大还详细地、全方位地介绍了社会主义初级阶段的基本内涵，我国处于怎样的历史时期，应该完成什么样的任务等等，这一系列的问题形成比较系统的社会主义初级阶段理论。社会主义初期阶段理论从本质上解决了中国特色社会主义的出发点问题，明确了社会主义初级阶段是制定基本路线、方针和政策的根本依据。在科学判断基本国情及结合过去对社会主要矛盾认识的基础上，党的十三大确立了社会主义初级阶段的基本路线，即以经济建设为中心、坚持四项基本原则、坚持改革开放。这条基本路线高度地概括和总结了党在社会主义初级阶段的奋斗目标及发展道路。这条路线不仅准确地把握了中国特色社会主义在现阶段社会中的主要矛盾，还充分体现了中国特色社会主义建设的深意，同时有效地指导了如何巩固和发展中国特色社会主义。由此可以看出，党的十三次代表大会的召开，使中国共产党对于中国特色社会主义及国情有了一个新的高度认识。会议中对社会主义初级阶段的全方位解析，以及对今后的发展路线的阐明都为建设中国特色社会主义提供了思想指导和政治保障。1992年，党的十四大以"加快改革开放和现代化建设步伐，夺取有中国特色社会主义事业的更大胜利"为主题，并根据中国的具体国情和社会的主要矛盾，明确了建立社会主义市场经济体制的改革方向，从而使中国特色社会主义步入了新的实践阶段。党的十五大又一次把社会主义初级阶段问题作为重点。会议指出，在跨世纪之际，无论是改革还是开放，都将面临种种挑战，艰难险阻是不可避免的，矛盾问题也会层出不穷。只有明确方向，把握住社会主义初级阶段的基本国情，立足现实，才能科学合理地制定应对政策，也才能有效地解决诸方问题，从而达到既定目标。随后在党的十五大上制定了党在社会主义初级阶段的基本纲领，比较全面地回答了什么是社会主义初级阶段中国特色社会主义的经济、政治和文化，以及怎样建设这样的经济、政治和文化，号召全党和全国人民"把建设有中国特色社会主义事业全面推向二十一世纪"[①]。

---

① 江泽民. 江泽民文选（第二卷）[M]. 北京：人民出版社，2006：1.

在此基础上，党的十六大再次强调，尽管我国进入新世纪，人民生活总体上达到了小康水平，但是这种小康还是低水平的小康，发展仍然不平衡，也不全面，我们还需为全面建设小康社会进行长时间的努力，总体说来，这是因为我国的基本国情仍处于社会主义初级阶段。所以，面对这样的国情现状，我们必须坚持以经济建设为中心，在社会全面发展的基础上，提高人民生活水平，保证人民共享发展成果。这些论述在理论上进一步完善了中国特色社会主义理论，在实践上指导继续"开创中国特色社会主义事业新局面"。2007年，在我国改革发展处在关键阶段召开的党的十七次代表大会，鲜明地提出了"高举中国特色社会主义伟大旗帜"，并从理论和实践两个方面首次准确提出了中国特色社会主义的内涵。"改革开放以来我们取得一切成绩和进步的根本原因，归结起来就是：开辟了中国特色社会主义道路，形成了中国特色社会主义理论体系。高举中国特色社会主义伟大旗帜，最根本的就是要坚持这条道路和这个理论体系。"[①] 而在十一届三中全会以来中国特色社会主义的理论和实践发展表明，"这条道路"之所以能够开创，"这个理论体系"之所以能够形成，最根本的原因就是中国共产党人将马克思主义基本原理深深地融入当代中国的基本国情和社会主要矛盾中，将其牢牢地结合起来。这是中国特色社会主义在当代中国形成和发展的根本之"道"。

党的十八大以来，中国特色社会主义进入新时代，党和国家事业均发生了史诗性的变革，是我国经济发展进入新常态的重要依据。在新的发展历史方位上，以习近平同志为核心的党中央清醒地意识到要准确把握新时代的科学内涵与实践要求，必须把新时代放在社会主义初级阶段的框架中进行理解，要对"中国特色社会主义进入新时代"这一重大论断提出的主要依据进行深入阐释，必须基于社会主义初级阶段理论。习近平指出："全党要牢牢把握社会主义初级阶段这个最大国情，牢牢立足社会主义初级阶段这个最大实际，更准确地把握我国社会主义初级阶段不断变化的特点，坚持党的基本路线，在继续推动经济发展的同时，更好解决我国社会出现的各种问题，更好实现各项事业全面发展，更好发展中国特色社会主义事业，

---

① 十七大报告辅导读本编写组. 十七大报告辅导读本 [M]. 北京：人民出版社，2007：10-11.

更好推动人的全面发展、社会全面进步。"①党的十九大报告强调："经过长期努力，中国特色社会主义进入了新时代，这是我国发展新的历史方位。"以习近平同志为核心的党中央，从社会主义初级阶段出发，统筹推进"五位一体"总体布局、协调推进"四个全面"战略布局，积极引领经济发展新常态。

（三）房地产经济周期理论

房地产周期类型有很多，根据研究角度的不同，有不同的分类。有从增长率高低不同划分为古典周期和增长周期，有从影响因素划分为需求周期、供给周期及价格周期，也有从住宅类型划分为别墅周期、普通商品房周期等，也可以按照分析经济周期的标准分为农业周期、基钦周期、朱格拉周期、库兹涅茨周期、康德拉季耶夫长周期。

1. 冲击—传导机制

保罗·萨缪尔森（Paul Samuelson）在乘数 - 加速数模型的基础上提出房地产周期波动的冲击—传导机制中的内部传导机制。萨缪尔森认为经济本质上是可以自我调整的，所有的偏离和失衡都是一种暂时的现象，即使存在外部冲击使得经济处于不均衡的状态，经济也可以消化这种不均衡，通过一段时间的调整最终回到均衡状态或者达到另一种均衡。我们通过凯恩斯主义可以推论房地产周期和经济周期是如何相互影响的：地产投资通过乘数效应引起国民收入大幅度增加，国民收入增加通过加速数引起更大程度的投资增加，这种循环往复的作用下，房地产市场和宏观经济出现共同繁荣；经济繁荣到一定程度，受到资源等要素的限制，国民收入无法再增加，国民收入总值开始下降，通过乘数和加速数的作用，经济和房地产市场趋于萧条，国民收入下降到一定阶段（比如零）就不会再下降，然后又会继续慢慢复苏、扩张，形成周期运动。总体而言，房地产周期波动与宏观经济波动息息相关，是宏观经济波动在房地产业的表现形式。

2. 房地产供求调节的"时滞效应"与蛛网模型

由于建设周期较长，房地产业在短期内供给缺乏弹性，因此房地产业供给的变化往往慢于需求的变化。蛛网模型很好地模拟了这一动态变动的

---

① 习近平. 习近平谈治国理政（第二卷）[M]. 北京：外文出版社，2017：61.

过程。蛛网模型首先假设生产者根据上一期价格决定下一期产量，这是由于信息不对称问题，房地产商一般只能根据现行房地产发展程度来决定下一阶段的产量。由于供给弹性和需求弹性的不一致及房地产商生产的滞后性，房地产市场会出现波动，房地产市场的价格会出现不同程度的摆动。

当供给价格弹性小于需求价格弹性时，房地产市场波动呈现收敛状；当供给价格弹性大于需求价格弹性时，房地产市场波动呈现发散状；当供给价格弹性等于需求价格弹性时，房地产市场波动呈现循环。无论哪一种摆动都会导致市场波动，这种波动呈现周期性的规律。

蛛网模型的缺点是其假设房地产商不存在理性预期，但是现实生活中，房地产商会慢慢适应经济发展规律形成一种理性预期，慢慢会作出一些前瞻性的决策。虽然蛛网模型没有考虑这一点，但是这个模型解释力还是很强，应用也比较广泛。

（四）风险管理理论

风险的定义最早追溯到公元前916年的共同海损制度，可以定义为风险管理思想的最早范畴。风险严谨的学术定义出现在1901年美国威利特（A.M.Willet）的博士论文《风险与保险的经济理论》中，风险是不愿意发生的事件，以及其发生的不确定性的客观表现。1938年以后，美国企业对风险管理开始采用科学的方法。1952年，美国学者格拉尔（Grahl）在其调查报告中首次提出并使用了"风险管理"一词。20世纪70年代，风险管理在世界范围内得到了迅猛发展。中国对于风险管理的研究开始于20世纪80年代。风险管理是指管理单位通过风险识别、风险分析、风险评估和风险应对等方式，对风险实施有效控制和妥善处理损失的过程。风险管理目标由损前目标和损后目标两部分组成，二者有效结合，构成完整而系统的风险管理目标。

风险管理是研究风险发生规律及风险控制技术的一门管理学科，是通过采用科学方法对存在的风险进行识别、分析、评价、应对和管控，选择风险管控措施对风险予以处理，降低或减少风险损失的过程。风险管理因不同研究者选择的角度不同而有不同的理解，有的研究者认为风险管理主要是测度风险大小和发生的概率。国外学者芬妮（Thomas Finne）认为风险管理包括风险分析和评估两部分；葛柏（Mariana Gerber）认为风险管理是基于风险分析结果的风险计划、风险监控和风险控制。国内学者大多认为风险管理是对风险的识别、分析和控制。风险管理作为一个系统工程，包括风险识别、风险评价、风险应对等环节。

风险识别是风险管理的第一步，主要是指对风险进行判断、归类、鉴定性质的过程。由于风险是错综复杂的，具有不确定性，无论是潜在风险，还是现存风险；是静态风险，还是动态风险；是内部风险，还是外部风险，都应在风险识别阶段完成。通常情况下，风险识别方法主要有专家调查法、影响图法、情景分析法、故障树分析法、核对表法等。

风险评价是风险管理的关键环节。运用概率论、数理统计方法、其他现代科学分析方法，估计和预测风险发生的概率及损失程度。风险评价方法有定性、定量、定性定量相结合方法。定性方法主要包括层次分析法、决策树法、损失判定法、风险图法等；定量方法主要包括模糊评估法、概率分布法、VaR法、蒙特卡洛模拟方法等。

风险应对是风险管理的落脚点。风险应对是指对风险进行识别和评价后，对风险采取的应对措施。风险应对方法主要结合实际风险状况，考虑到处理方法的可行性与效用，一般采取风险的回避、转移、缓和、自留等措施，有时需要将几种方法进行组合，目的是以最小的成本获得最大的安全保障。

（五）房地产市场调控理论

房地产市场调控理论是作为宏观经济理论的一部分，即国家运用经济、法律和行政手段，从宏观上对房地产行业进行指导、监督、调节和控制，促进房地产市场总供给和总需求、供给结构和需求结构的平衡与整体优化，实现房地产业与国民经济的协调发展的管理活动。政府调控房地产市场是为了保持房地产市场能够健康发展，运用各种政策工具对房地产市场进行干预，使房地产市场在短期内回到稳定运行轨道内。一般来讲，政府对房地产市场调控应该遵循几个步骤：明确调控政策工具的使用范围；明确政府调控房地产市场的目标；科学选择房地产市场调控政策工具；对调控政策执行情况进行评估。

房地产是国民经济的先导性、基础性产业，对国民经济的增长具有较强的带动作用，又依赖于经济发展所创造的市场需求。因此，房地产市场调控意义重大，政府加强房地产市场调控必不可少，如果缺乏有效的宏观调控，房地产市场容易出现波动甚至发生泡沫，只有有效的宏观调控才能保持市场供求总量的基本平衡，促进房地产市场平稳健康发展。

1.房地产市场调控的目标

一是房地产总量基本均衡。这是房地产市场宏观调控的首要目标，房地产总量控制的目的就是使房地产总供给与总需求大体平衡，使市场既有一定的合理库存，又有充分的市场流转。二是房地产结构基本均衡。房地产结构优劣直接关系到有效供给和有效需求的均衡与否，优化房地产结构的目的是通过房地产适销对路，实现供求平衡。三是房地产价格基本合理。房地产价格是市场供求关系的表现，是房地产调控效果直接的体现。通过供求总量的基本均衡和结构的基本均衡，目的是实现房地产价格的基本合理，减少房地产泡沫和价格的大幅波动。

2.房地产市场调控政策

房地产市场调控政策主要包括住房用地、住房信贷、住房税收、限制性措施等。一是用地供应的调控。加强国有土地出让的计划、规划管理，严格控制土地供应总量。城市出让土地必须按照当年下达的建设用地计划进行数量控制，必须符合土地出让的条件等，土地供应管控是房地产市场宏观调控的关键。二是对信贷政策的调控。信贷政策调控主要表现首付款比例和贷款利率两方面，前者可以促进房地产商品的有效需求，平衡房地产商品的供需矛盾；后者可以平衡房地产投资市场，控制房地产的开发总量和项目品种。三是对税收政策的调控。国家通过调整税率和增减税种税目，来调整房地产收益的流向，避免和减少在房地产市场中的投机行为。四是限制性政策措施。房地产市场调控的限制措施主要平衡市场供求关系，通常有商品房限购、限售、限贷、限价等调控手段，政府通过制定房地产购买或销售的条件，保证市场价格基本合理。房地产限购等措施是过渡性的制度安排，当前可能比传统的调节手段更为有效，但它阻碍或推迟了部分消费需求的实现[①]。

---

① 李稻葵. 论中国的限购政策 [J]. 中国企业家，2010（17）：130.

二、现实依据

房地产在我国是个新兴产业，在实践上的真正发展是始于 20 世纪 80 年代初期，至今不过 40 余年。不仅如此，我国房地产理论研究尚未形成体系，在许多领域中还是空白，即使是在引入和研究国外房地产理论方面也多停留在概述性介绍的层面上，缺乏深入的理论研究。因此，理论上的盲目性又加大了实践上的风险性。由于我国房地产业还处于起步阶段，发展中遇到了许多亟须解决的问题，针对房地产发展中的问题，1993 年，我国实施了第一次房地产宏观调控，针对房价和投资额的过快增长，在 2003—2007 年，2010—2014 年，中央政府密集出台了两轮抑制房地产过热的调控政策，地方政府也纷纷出台配套政策。政策领域涉及土地、金融、财税、规划、商品房开发、建设及交易等方面，政策方式既有经济调节，也有行政干预和立法规制。自 2010 年开始，以"限价""限购"和"限贷"为代表的强力行政干预手段频繁使用并逐渐成为政策工具的主导，政府以行政手段而非经济和法律手段干预房地产市场的势头不断加强。但是，历经 10 余年的政策调控，房价快速上涨的总体趋势并未改变，甚至出现高房价与商品房高库存并存的怪象[1]。我们不得不面临这样一种状况：在房地产市场政策调控过程中，房地产市场发展的"繁荣与失灵"并存，政府干预的"强势与无效"并存，法律规制的"鼓呼与漠视"并存，三者交织而成房地产市场领域的治理乱象和制度窘境。简而言之就是：房价越调越高、行政干预强度越调越大而相关法律制度的规范功能越调越弱。所以，如何借鉴发达国家和地区房地产业发展的经验，探索出一条具有中国特色的房地产业发展道路，是摆在理论界和实践工作者面前的重要课题。因此，为了构建全面系统的房地产业理论体系，把握房地产业发展的基本规律，有必要对我国新经济常态下房地产调控政策进行归纳和分析，为房地产可持续健康发展提供现实依据。

---

[1] 根据国家统计局报告显示，自 2012 年 4 月以来商品房库存持续上升态势持续长达 3 年之久，到 2016 年 4 月 15 日，全国 35 个城市库存面积才呈现明显的下滑态势——笔者注

（一）房地产市场政策调控的必要性

中国房地产市场起步较晚，中国整体市场经济发展也不完全，不能很好配套房地产市场发展。房地产市场在运行有效性方面差强人意，因此需要政策进行调控，以免房地产经济周期过度波动，引起整个宏观经济周期不健康波动。

房地产市场调控是完全必要且必须的，首先，房地产市场占了国民经济的很大一部分，房地产市场发展可能会带动整个国民经济的50多个相关部门发展，贡献2%的GDP增长率。中国发展曾一度依靠房地产行业，即使现在国家发展战略侧重经济体制改革，未来国民经济发展会慢慢依赖第三产业发展。但是房地产行业作为国民经济支柱行业的现实在短期内不会改变，因此房地产健康有序的发展对整个国民经济发展至关重要。

其次，房地产市场一旦不能有序健康发展，房地产市场周期一旦过度波动有可能影响社会稳定。住房除消费品以外更是一种投资品。作为消费品，住房也有其特殊性，居民对于首套房是刚性需求，若是房价过高，远远超过居民的支付能力，导致流浪者或者无固定居所者过多，不利于社会和谐，对城市治理和社会安定而言都是一种隐患。而住房投资品的属性使大量投机者逐利，引起其价格远远超过其正常价值，使得房价过高的可能性更大。因此，需要政府进行调控，对中低收入者进行住房保障。

最后，房地产自身发展规律也需要政策调控。市场经济发展下，房地产市场受到供求作用发生周期性变动，对周期性波动需要政府采取逆周期政策进行调控。房地产市场自身无规律、无监管的波动会引发经济危机带来灾难，如20世纪80年代日本房地产市场泡沫导致日本10年的经济衰退。因此，市场发展有其自身发展规律，有时候这种规律能够带来资源的有效配置，但是有时候却会引发经济危机。因此哪怕市场是有效的，我们也需要政策进行有益的调控，发挥市场和政府"两只手"的作用。要创造良好的市场运行环境，发挥市场资源配置的基础作用，同时有效地监管适当调控，发挥政府"看得见的手"的作用。

（二）我国房地产政策调控有效性分析

2003年以后，随着房地产投资的快速增长，房地产价格也出现大幅上涨。但是，以住房市场为主的住房供应体系导致住房供应结构矛盾突出，政府于是开始频繁出台调控政策措施对房地产市场进行干预。2003年，《国务院关于促进房地产市场持续健康发展的通知》（国发〔2003〕18号）出台，房地产业被确立为国民经济的支柱产业，并明确提出要保持房地产业的持续健康发展。房地产调控政策随即密集出台。调控方向方面，2004年以调控商品房供给为主，2005年主要调控市场需求，2006年调控住房供给结构，2007年继续前期政策并有所加强，2007年底基本调控完毕。调控密度方面，2006年共出台调控政策11次，2007年为7次，2008年15次。借2008年奥运会的东风，中国迎来了新一轮的房地产急速拉升。政策调控频繁实施，2009年5次，2010年7次，2011年12次，直到2012年逐渐放缓。除了调控领域相关的职能部委轮番出台政策，国务院也多次发布综合指导意见，如2009年的"国四条"、2010年1月的"国十一条"和4月的"新国十条"、2011年1月的"新国八条"和7月的"新国五条"等。2014年9月30日，中国人民银行、中国银行业监督管理委员会《关于进一步做好住房金融服务工作的通知》（银发〔2014〕287号）发布，为救市松绑房贷，宽松的货币政策刺激了房地产市场交易和投资。

2008年前，政策一直以打击投资、抑制房价为主要目的。2008年的世界金融危机一爆发，中国政府立即出台救市计划，到2009年房地产市场繁荣，中国面对繁荣的房地产市场担心出现泡沫，立即实行严厉的调控措施，如限购、限贷、提高利率、房产税等。2013年还在整顿楼市，坚持限购政策，2014年房地产市场销售量下跌后各地方政府就相继救市取消限购。政府政策相机选择的随意性太大，使得市场主体无所适从，政府政策对经济产生的副作用也会比较大。经常变换政策，政策也不容易产生效果，对市场主体而言，经常发生这种事会让大家潜移默化认为房价总归要涨，看涨情绪浓，政府政策会处于被动的不利地位。

2015年的房地产政策以促进消费和去库存为基调，在供需两端频频出台宽松政策。自2015年下半年开始，特别是进入2016年，全国一线城市及部分二线城市房价形成加速上涨的趋势，投资投机性需求回潮明显。在这种情况下，以上海、北京、天津、深圳为首的部分地方政府陆续出台"限购""限价""限贷"的地方调控政策①。

2016年初,深圳、上海发布调控政策后,各地开始酝酿房地产市场调控政策转向。9月30日,《北京市人民政府办公厅转发市住房城乡建设委等部门关于促进本市房地产市场平稳健康发展的若干措施》(京政办发〔2016〕46号)出台,施行差别化住房信贷政策,国庆期间更有全国19个城市纷纷启动或者升级限购政策,11月28日天津和上海又一次升级限购政策,到12月初,全国已有超过24个省(市)出台了超过50条楼市调控政策②。2016年12月的中央经济工作会议提出,促进房地产市场平稳健康发展,房子是用来住的,不是用来炒的。住房制度改革进入"购租并举"和住房功能重新定位的新阶段。

2016年、2017年、2018年限购、限贷、限售等调控政策密集出台,到2019年政策密度明显降低,2020年调控政策主要针对部分热点城市,更加注重精准调控。总体来看,从2017年底2018年初起,中国政府的房地产调控政策已经成型,调控政策步入常态化和持续化,2020年在经历了疫情和中美贸易摩擦的双重冲击下,各地政府仍然适时推出调控政策,可见政

---

① 2016年3月24日,《上海市人民政府办公厅转发市住房城乡建设管理委员会等四部门关于进一步完善本市住房市场体系和保障体系促进房地产市场平稳健康发展若干意见的通知》(沪府办发〔2016〕11号)发布,实施"限购""限贷"。9月30日,《北京市人民政府办公厅转发市住房城乡建设委等部门关于促进本市房地产市场平稳健康发展的若干措施》(京政办发〔2016〕46号)发布,实施"限价""限贷"。10月1日,《天津市人民政府办公厅关于进一步促进我市房地产市场平稳健康发展的实施意见》(津政办发〔2016〕80号)发布,实施区域性"限购"和全市"限贷"。10月4日,深圳市出台《关于进一步促进我市房地产市场平稳健康发展的若干措施》(深府办〔2016〕28号),强化"限购""限贷"。11月28日,上海、天津两市同时发布升级限贷政策。上海市住建委、人民银行上海分行、上海银监局联合印发《关于促进本市房地产市场平稳健康有序发展进一步完善差别化住房信贷政策的通知》(沪建房管联〔2016〕1062号),要求首套普通自住房的首付款比例不低于35%;二套房不低于50%,非普通商品住房不低于70%。二套房认定方面为在上海已拥有一套住房的或在上海无住房但有住房贷款记录的居民家庭的"认房认贷"模式。11月30日,中国人民银行天津分行会同天津银监局联合发布《天津市进一步调整差别化住房信贷政策》执行差别化信贷政策。

② 参见《调控政策继续加码热点城市楼市成交持续缩量》_新华网[EB/OL]. http://news.xinhuanet.com/house/2016-12-01/c_1120026556.htm.

府在稳增长与防风险之间的权衡。

从政策出台次数看，2016年十一前后，22个城市密集出台新一轮调控政策，通过提高购房门槛、调整贷款首付比例等加码调控遏制投资投机性需求。2017年全年，90个地级以上城市（约200项政策）和35个县市（约41项政策）出台调控，全年调控总体表现为持续时间长、涉及城市多、政策强度大。2018年全年约有30个城市出台或升级了限售政策，约22个城市出台或升级了限购政策。2018年热点城市限购、限售政策相较2017年有所减少但力度不减。2019年，热点地区调控持续升级。2020年的调控政策主要聚焦于限售、限贷、限购、税收调节、刚需支持、离异人士购房规定六个方面。

我们看到了每年政府都有针对房地产市场的调控政策，而且严厉的调控政策、调控政策组合的出现也不在少数。中国政府在面对房地产市场时，确实已经作出了相当多的宏观调控的努力，从以上政策我们可以看出，我国政府针对房地产市场的调控是产生了一定效果的。但是民众却对房地产宏观调控怨声载道，中国房地产市场逆周期政策调控究竟有没有产生作用，政府政策失效的情况在中国到底有多严重，这一直是学术界乃至实用经济学都非常关注的问题。

第三章　经济新常态下我国房地产经济发展的现状分析

与欧美房地产市场的发展相比，中国房地产业的发展有着起步晚、发展快、转折多等特点。中国房地产发展历程中也存在着多次历史性的转折点，同时与国民经济增长之间存在显著的相互作用关系，因此，对中国房地产业的发展历程进行梳理对于本书的研究是非常必要的。另外，随着城市化进程的不断推进，房地产经济发展迅速，并在我国国民经济中占据极为重要的地位。随着中国经济发展进入"新常态"，中国房地产发展展现出新的周期性特征，综合表现在房地产价格、交易规模、投资效率等不同指标上。如何在保障全体居民的住宅居住需求的前提下，有效抑制房地产内在的投机炒作属性，成为我国历次成功遏制房地产市场过热、防范房地产市场风险的关键。基于此，本书针对房地产经济的发展现状、存在的问题及影响因素进行分析与探讨。

一、我国房地产经济发展的历史进程

笔者根据中国房地产市场发展情况，以及国家宏观调控与房地产监管政策取向变化，将我国改革开放以后的房地产市场发展大致划分为四个阶段，并进行简要分析。

（一）房地产市场的形成阶段（1978—1998年）

中华人民共和国成立初期，我国是按照计划经济实行房产分配的，百姓解决住房需求遵照福利分房政策，当时房子的确就是用来住的，没有任何的选择性和投资性可言。但是百姓的住房问题无法得到有效解决，人均居住面积仅为4.5平方米。居民住房困难问题一直延续到改革开放初期。十一届三中全会正式提出要将经济建设这一核心目标作为未来中国发展的主要方向，并将加快推动改革开放作为一项重要国策。在改革开放不断深入发展下，产生了房地产行业发展的萌芽，房地产市场开始探索住房商品化的可能性。邓小平提出了住房商品化的理念，在全国范围内开放试点，这样的举措得到各方的认同和支持，中国房地产业开始逐步成长。

1980年9月，北京市城市开发总公司正式成立，并且推动了房地产综合开发进程[①]。1981年，广州及深圳在全国范围内率先开展了商品房开发试点工作，并推行商品房销售工作，标志着商品房正式走入百姓生活。在此之前，国内并没有商品房开发，企事业单位建造房子主要是用于内部职工福利分配。1982年4月，国务院通过《关于出售住宅试点工作座谈会情况的报告》，选定郑州、沙市、常州、四平四个城市进行"三三制"售房试点，但并没有对新建公有住宅补贴出售政策的实施效果进行管理。1983年，针对当时房地产市场发展中存在的非理性增长问题，政府予以重点整顿，但对私人购房行为与修房行为予以鼓励。为了加快推动住房制度改革，整合优化房地产产业结构。1983年12月，国家颁布了第一部保护城镇私有房屋所有权的法规《城市私有房屋管理条例》，从法律层面保障了私有住房。

1984年，国务院为了加快推进房地产商品化，对外公布城建综合开发暂行方案，全力加快住房商品化试点建设。1986年2月，政府专门筹建"住房制度改革领导小组"，其职能在于对全国房改工作予以协调推行。1987年，经国务院批准，允许广州、上海、海南等地针对土地使用权转让及出让予以试点。1987年9月，深圳将一宗国有土地使用权予以有偿出让。1987年12月，深圳将另一宗国有土地使用权进行公开拍卖。这标志着国内城镇土地使用制度真正开始了根本性的改革和大胆的尝试。

1988年1月，第一次全国住房制度改革工作会议召开。部分土地批租

---

① 1980年，国务院颁布的《中外合营企业建设用地暂行规定》中规定中外合营企业用地，不论新征用土地还是利用原有企业的场地都应计收场地使用费，这标志着我国城市土地有偿使用的开始。为了将这一做法推广到其他类型的建设用地。1983年，国家在抚顺市首先进行土地使用费征收试点。随后，深圳、大连、重庆、西安、广州等十几个城市都开征了城市土地使用费。

限制被逐渐放开,在全国范围内商品化住房实践正式开展。1988年2月,《关于在全国城镇分期分批推行住房制度改革的实施方案》(以下简称《实施方案》)出台。随着《实施方案》的颁布,标志着国内住房制度改革进入全面实施阶段。七届人大一次会议中,全会审议并通过了《中华人民共和国宪法修正案》,其中明确指出土地权可依法进行转让。1988年12月,修改之后的《中华人民共和国土地管理法》颁布,强调政府将有步骤分阶段地实施城市土地有偿使用制度,这从法律层面推动土地作为商品进行流通提供了法律依据,由此也标志着土地商品化时期的到来。1989年,《关于加强房地产市场管理的通知》出台,提出要对房地产市场秩序予以规范,严格整顿不合理的市场现象,这标志着国家从法律层面上开启了对房地产市场的全面监管。

从1990年起,国内房地产业进入综合配套服务改革阶段。尽管在房地产市场的改革初期,住房资源短缺及住房分配不平衡等问题依然存在,并且我国的房地产市场尚未构建完善的价格体系、住房建设规划不合理、缺乏对消费者需求考虑等,但是我国的土地市场和住房市场出现了有深远意义的改革尝试。1991年2月,《上海市住房制度改革实施方案》正式出台,其中首次出现了"公积金"一词。其中,在公积金政策中,具体涉及购房优惠、租房补贴等内容。上海提出市场化价格、产权意识等方案,有效地把增量提升与存量改革联系起来,把住房建设与制度改革联系起来。上海改革方案给全国其他地方的改革提供了参考与借鉴。1991年11月,《关于全面推进城镇住房制度改革的意见》出台,包括房地产制度改革的目标、原则和基本政策等。

随着房改的全面启动和住房公积金制度的推行,1992年,我国房地产市场发展迎来了一轮全国性发展热潮,房地产企业从3 000多家增长到12 000多家,全年房地产投资总额比上年增长175%,月投资最高增幅达146.9%,全年商品房销售面积为4 288万平方米,比上年增长40%,销售额达到440亿元,比上年增长80%。房地产市场在局部地区一度呈现混乱局面,出现滥设开发区、超计划违规批地、划拨和协议价出让土地等现象,房地产市场过热导致房地产价格猛涨,我国房地产市场第一次出现了严重的房地产价格泡沫。海南的房地产开发出现了大量的烂尾楼和银行坏账。

1993年，为抑制房地产泡沫，促进房地产业健康发展，中央及各级政府逐步采取制定紧缩性宏观调控方案，加强对投资结构的整合、对投资规模的合理控制、调节房地产经营收益等，加强对房地产市场进行限制调整。1994年，《中华人民共和国城市房地产管理法》正式出台，随后出台《关于开展房地产开发经营机构全面检查的通知》等一系列文件，国家高度重视对房地产市场进行规范化管理。1995年7月，国家出台了第一部对房地产中介市场的行为规范——《关于房地产中介服务收费的通知》，详细规定了房地产价格评估费、房地产咨询费、房地产经纪费等相关收费最高额度。伴随着国务院多项法律与规定的颁布，国家金融秩序得到整顿，整个房地产业由于融资渠道受阻，房地产发展步伐大大减缓，房地产市场理性回落。

同期，我国逐步建立了完善的政策性贷款制度体系。1994年，《国务院关于深化城镇住房制度改革的决定》颁布，明确规定城镇住房制度改革是经济体制改革的重要组成内容，加快推动新型城镇住房制度建设，推动住房社会化、商品化发展，优化居住环境，满足民众的基本住房需要；专门对经济适用房建设、危房改造等问题进行了介绍，并由此出现了"房改房"的概念[①]。1995年2月，《关于转发国务院住房制度改革领导小组国家安居工程实施方案的通知》出台，明确指出各地区在大力推广城镇住房制度改革基础上，加强安居工程建设，提升不同主体的工作积极性，全力加快城镇住房建设工作。1995年5月，《城镇国有土地使用权出让和转让暂行条例》出台，为我国土地权转让和房地产市场起步提供了重要的法律依据。1998年5月，中国人民银行出台《个人住房贷款管理办法》，并安排1000亿元的贷款指导性计划，倡导贷款买房。同年7月，《关于进一步深化城镇住房制度改革加快住房建设的通知》颁布，福利分房制度正式退出，并相继推出了住房供给商品化、住房分配货币化、社会化新住房体制等，房地产行业进入市场化发展阶段。自此以后，贷款买房、按揭贷款逐渐成为居民购房的主要方式。

通过一系列的改革，我国房地产市场从无到有，稳步发展。1998年，

---

① 房改房是城镇住房制度改革的过渡政策，标志着私有房产买卖和交易的实现，在一定程度上实现了公有住房私有化。房改房通常会根据居民的工作单位和工作年限，结合其建筑成本，由居民出资购买其所有权，因此价格非常低廉。

国内住宅房屋竣工面积为 127 571.6 万平方米，全社会住宅投资 6 393.81 亿元，远大于 1990 年的 86 425 万平方米和 1 164.5 亿元，国内新建住宅面积的大幅增长，在很大程度上增加居民的居住面积，改善居民的居住环境，有效地解决了全国范围内普遍存在的住房供给短缺问题。更为重要的是，国家在住房改革上坚定不移的市场化导向，以及国家在法律上为房地产市场化进行一系列的改革，为我国房地产市场发展奠定了良好基础和坚定信心。

（二）房地产市场的快速发展阶段（1999—2006 年）

随着国家福利分房制度的取消，住房分配货币化加快推进，大量的商品房开发和大量经济适用住房建设共同构建起了我国完善的住房供应体系。

1999 年，为抵御亚洲金融危机对经济发展的不利冲击，中央银行降低住房贷款利率，延长贷款期限至 30 年。通过调动居民购买房产的积极性，促进中国房地产市场发展，由此中国的房地产业逐步成为拉动中国经济增长的重要动力之一。2000 年，我国第一个房产测量国家标准《房产测量规范》正式实施。2001 年 4 月，《关于对消化空置商品房有关税费政策的通知》出台，其中对于部分税收减免行为进行了明确规定，一律免除 1998 年 6 月前建成且没有出售的商品住房的契税和营业税，免除 1998 年 6 月前建成且在 2001 年和 2002 年销售的商业用房及写字楼的契税和增值税，大力促进积压房的消化。2002 年 1 月，建筑部发布《关于印发建筑部 2002 年整顿和规范建筑市场秩序工作安排的通知》，从当年 7 月起按照《招标拍卖挂牌出让国有土地使用权规定》实施，原有的土地协议出让模式宣告废止，并且规定相关经营性用地应该通过挂牌、招标、拍卖等方式开展公开交易。政府加强了对住房市场、建筑市场和土地市场的统一法律规范。

随着基础设施建设的突飞猛进及城镇化进程快速发展，人口规模不断扩大，极大地推动了房地产市场的发展，房地产业年平均增速高达 20%，与当时高速增长的国民经济相比，房地产业增长速度仍然高出很多。2003 年，国内房地产市场呈现一种过热的发展趋势，不同类型的房地产投资企业相继成立，房地产投资规模也由此屡创新高，房地产投资激增快速拉动了房价的上涨，商品房市场呈现供不应求的状态。

对此，国家相继出台了诸多宏观调控措施来稳定房价，抑制房地产投资过热，2003年4月，《关于进一步加强房地产信贷业务管理的通知》出台，从信用等级及企业资质两个层面对房地产贷款企业进行规范，要求开发企业保证自有资金在项目总投资中的占比高于30%；商业银行为个人提供个人住房贷款时，应该保证购买主体结构完成封顶；商品房购买人在进行二套及以上住宅购买时，适当增加首付款占比，不享受执行优惠住房利率政策；加强对高档商品房和别墅的贷款管理。2003年6月，中国人民银行开始信贷调控，提高个人购房门槛和信贷难度，规定个人首次置业信贷额不能超过80%，提高二套房的首付比例。2004年3月，国土资源部等多部门联合发表条令，规定将存在争议的协议出让土地予以整顿和收回，从土地供给方面抑制房地产泡沫的出现。国务院规定各级地方政府在招商引资期间，不得降低土地价格，对地方政府可操控土地供应量予以控制。

2005年3月，《国务院办公厅关于切实稳定住房价格的通知》（以下简称《通知》）颁布，该《通知》也被称之为"老国八条"。《通知》指出，各地区应该有效意识到房地产业对推动社会经济发展的积极作用，并且关注住房价格增速过快造成的不利影响，把稳房价、促发展作为宏观调控的一项主要内容，出台一系列方案措施，避免房价出现过快增长的情况。2005年5月，《关于做好稳定住房价格工作的意见》（以下简称《意见》）出台，该《意见》也被称之为"新国八条"。《意见》指出，不同部门在出台相关宏观调控措施时，应该将放低房地产价格过快增幅、避免房地产投资出现过度等情况，借助合理适当的规划调控，优化商品房结构；全力做好土地供应调控，加强土地管理；银行等金融机构要严格控制信贷风险，将坏账损失控制到最低。2005年10月，《关于实施房地产税收一体化管理若干具体问题的通知》出台，强调对存量房交易环节有关税负做好依法征收，不能借用任何理由变通及调整税法和有关税收政策。

然而，我国房地产市场并没有按照预期降温，一线城市房价持续飙升，二线城市也随之上涨，房地产价格除受居民正常的消费需求影响外，更多的是住房投资或投机来主导房地产价格。2005年，我国商品住宅平均价格已经上涨至3 168元/平方米，与1998年的2 063元/平方米相比，累计上涨54%。越是经济发达的省份，商品房价格越高，一线城市商品房买卖存在大量投机行为。2006年5月,《关于调整住房供应结构稳定住房价格的意见》颁布,即"国六条",在之前"国八条"的前提下,特别强调整合住房供应结构,加大供给普通商品房规模,抑制房价过快增长;整顿规范房地产市场存在的混乱现象,构建有序的房地产市场机制,加快推动租赁市场及二手房市场建设;对城市房屋拆迁规模予以合理控制,缩减控制被动性住房需求,起到稳定房价的效果;全面制定了量化房屋户型、面积、新房首付款等相关标准。随后《关于调整住房供应结构稳定住房市场价格的意见》颁布,也被称之为"十五条",进一步对"国六条"的内容进行细化。其间还出台了如《关于加强房地产税收管理的通知》《关于进一步整顿规范房地产交易秩序的通知》《关于规范房地产市场外资准入和管理的意见》等一系列文件,施行了限制套型"70/90政策"、二手房营业税政策、"927房贷政策"等诸多措施,明确规定要求个人出售名下产权不满五年的房屋,需出示相关材料,并缴纳税款;2006年8月1日起,二手房买卖必须强制征收个人所得税。

除政府对房地产市场的直接干预政策外,银行利率逐渐成为政府调控房地产市场的重要经济手段之一。国家不断提高存贷款利率、存款准备金率,并收紧住房贷款政策来调控房地产市场。2004年4月,央行存款准备金利率从7%提高到7.5%。同年10月,央行10年来首次宣布上调存贷款利率、九年来首次加息,将金融机构一年期基准利率上调0.27%。2005年3月,央行决定对商业银行自营性个人住房贷款政策予以整合,同时将住房贷款优惠利率取消,抑制当时房价过快增长的情况,个人住房贷款最低首付比从之前的20%调整到30%。2006年4月,央行再次全面上调贷款利率0.27%。同年8月,上调金融机构人民币存贷款基准利率。2007年,央行6次调整了存贷基准利率,10次调整了法定准备金率。同年9月,银监会出台《关于加强商业性房地产信贷管理的通知》,其中指出家庭第二套住房贷款首付比应该调整到40%及以上,贷款利率应该为央行基准利率1.1倍以上,以此起到抑制炒房现象的目的。

这一轮的房地产市场调控逐渐升级,中央政府已经将控制房价提高到政治高度上,密集出台各种政策和细则来控制房价的过快增长。政府对房地产市场的调控取得了一定的成效,2005年,国内房地产投资整体上出现小幅回落的状态，但是房价上涨趋势并未扭转，政府、民众、房地产企业激烈博弈，一线城市的商品房市场中的投机现象十分严重。如何保持房价平稳、抑制房地产市场泡沫、防范房地产市场风险成为政府经济工作的重点内容之一。

（三）房地产市场的政府主导阶段（2007—2014年）

初期由于房地产价格的持续上涨，政府继续加大对房地产市场的调控，随后房地产市场因外部因素与调控政策影响而放缓后，政府又出手拉动房地产产业发展，随着房地产市场的再次过热，政府又重回房地产市场调控的老路。

2007年受前期我国信贷紧缩政策和美国次贷危机影响，我国房地产市场突然进入衰退期，房地产价格开始出现回落，中天置业、长河地产、创辉租售等一批房产中介倒闭，房地产投资陷入低迷。2008年3月，因股票募资阶段各方的认购不足，恒大地产不得不放弃在香港的股票公开发行。

为了抵御金融危机，扭转房价下跌、经济滑坡的局面，中国政府出台了一系列政策刺激房地产业回暖。2008年9月，央行推出双降政策，一年期人民币贷款基准利率下调0.27%，存款准备金率下调0.5%，最低首付结构改成20%。在此基础上，人民银行又先后三次指出将一年期人民币存贷款基准利率下调，并相应调整其他期限档次存贷款基准利率。到11月27日，人民银行将一年期人民币存贷款基准利率下调1.08%，即一年期存款基准利率变为2.52%，一年期贷款基准利率变为5.58%，并相应调整其他期限档次存贷款基准利率。2008年10月，财政部出台《继续加大保障民生投入力度，切实解决低收入群众基本政策》，指出从2008年11月1日开始，个人购买首套住房且住房面积在90平方米以下的，契税下调到1%，并采取免征印花税和土地增值税的优惠政策。同时，各级政府也可以结合地区发展实际，出台相关收费减免政策，鼓励住房消费。民众购买首套普通自住房予以贷款补助，并提供最低贷款基准利率0.7倍的信贷优惠，首付比重也相应变为20%。个人住房公积金贷款利率也予以下调。2008年12月，《关于促进房地产市场健康发展的若干意见》出台，指出放宽二套房贷限制、取消城市房地产税、下浮廉租房贷款利率、购房超两年转让免营业税等新政，全方位刺激楼市。2009年1月，工农中建等国有商业银行出台优惠贷款政策，指出不存在不良信用记录的贷款用户均能够申请七折优惠利率。2009年5月，《关于调整工业出让最低价标准实施政策的通知》颁布，适当调整优化《全国工业用地出让最低价标准》。2009年5月，《关于调整固定资产投资项目资本金比例的通知》颁布，下调国内资本金贷款占比，规定开发普通标准住房及保障性住房的最低资本金占比应该为20%，而对于其他房地产开发项目的最低资本金占比应该保持在30%。

在一系列刺激房地产回暖政策影响下，2009年下半年，房地产行业迎来了新一轮的发展热潮。房价和成交量双双创造历史新高，2009年，国内商品房销售面积为9.37亿平方米，比上年增长42.1%，实现销售额43 995亿元，比上年增长57.7%。一线城市出现买房、囤房、炒房现象，大量资金涌入房地产行业，房地产市场出现短期繁荣。

为了抑制房价非理性上涨，国家再次推行以限购和限贷为核心的房地产调控政策，严格限制投机性质购房。2009年12月，温家宝主持召开国务院常务会议，明确提出要"遏制房价过快上涨"，加快建设保障房、增加供给、做好监管、抑制投机等举措。鼓励居民自住及改善型住房消费，严格打击并治理投机购房，构建完善的商品房预售体系，做好保障性安居工程建设，到2012年底有效解决1 540万低收入住房困难家庭的住房难问题。

2010年1月，《国务院办公厅关于促进房地产市场平稳健康发展的通知》出台，明确要求金融机构要合理引导住房消费，严格管理二套住房贷款，申请贷款购买第二套住房的家庭首付比例不得低于40%，抑制投机性购房需求。同年3月，国土资源部发布土地调整新政，在确保保障性住房、棚户改造和自住中小商品房用地不低于供应总量的70%的情况下，严格控制大套型住房用地，不准向别墅供地。同年4月，《国务院关于坚决遏制部分城市房价过快上涨的通知》颁布，提出构建完善的考核问责体系，推行严格的责任落实到人的原则，建立健全的工作责任制；坚决打击不合理住房投机需求，出台差别化住房信贷政策，民众购买首套自住房且住宅面积在90平方米以上，贷款首付占比应该在30%以上；民众购买第二套住宅的，贷款首付占比应该在50%以上，贷款利率应在基准利率1.1倍之上；民众购买第三套及以上住宅的,需进一步提升首付比重及贷款利率等。同年9月,国家税务总局下发《关于加强土地增值税征管工作的通知》,明确针对不同地区的不同类型房地产征收相应的预征税。同月,《关于促进房地产市场平稳健康发展的通知》出台,明确指出国家部委将坚决遏制部分城市房价过快上涨现象,多部委联合采取信贷、税收、住房供给和市场监管等一系列调控措施,包括对房价供给不足、房价大幅增长的城市,在一定期限内,可对居民家庭购房套数进行限制;商业银行可暂停为居民购买三套及以上住房贷款;如果居民特别是非本地居民不能够提供一年及以上社保缴纳证明或者纳税证明,则商业银行不应为其提供贷款,住房交易环节下,对个人所得税优惠政策及契税等予以调整,延长个人住房2年免征营业税期限到5年。

2011年1月,国务院常务会议出台《国务院办公厅关于进一步做好房地产市场调控有关问题的通知》,规定家庭购买二套住房时,其贷款首付占比应该在60%%以上,贷款利率应该在基准利率1.1倍及以上;针对各地区房价过高及增长过快的区域,制定并出台相应的住房限购措施。国务院专门委派房价调控监督组对各地房地产市场调控工作进行管理指导。2013年2月,国务院常务会议确定五项房地产市场调控政策,将限贷、限购作为调控核心,对投机性购房现象予以严厉打击,明确构建良好的房价工作责任制、对投机投资性购房严厉打击、加强与普通商品住房及用地的市场供应、推动保障性安居工程建设、严格做好市场监管等,要求各省会城市贯彻落实房价基本稳定的要求,确定本地区年度新建商品住房价格控制规划,构建高效的考核问责体系。

在严厉的房地产市场调控政策下,房地产投资过热得到有效遏制,房地产中的住宅投资增速下滑,新开工面积下降,部分房地产企业开始扩大在办公及商业住房的投资。在中国整体经济进入"新常态"的大背景下,2014年开始我国房价涨速下降,全国主要城市房价集体下跌,房地产市场呈现疲软态势。同时,我国房地产市场呈现高度区域分化的特征,一、二线城市房价依旧保持高速上涨趋势,三、四线城市房地产库存严重,去库存成为我国房地产行业发展的首要问题。地方政府在对房地产市场调控上开始出现分化,热点城市坚持限购、限贷的调控措施,其他地区结合本地实际情况自主制定调控政策。绝大部分限购城市退出限购，房地产市场偏紧缩的调控政策向偏宽松的"去库存"政策转变。2014年9月，《关于进一步做好住房金融服务工作的通知》颁布，在对首次购房需求持有鼓励性态度的基础上，加强对改善型购房需求的扶持；增加对保障房金融扶持、满足民众放贷需求、为房地产企业提供必要的融资扶持等。2014年10月，《关于发展住房公积金个人住房贷款业务的通知》颁布，提出各地区应该结合自身发展实际，适当将公积金贷款条件予以放松，将职工需连续缴存12个月的公积金改为6个月，并对公积金贷款额度予以放宽，对居民首套房贷款进行扶持，并增加贷款额度；加快实施公积金异地使用与异地转移接续。10月29日，国务院召开常务会议，强调"保持住房消费稳定发展，将公积金支付房租条件予以放宽，全力做好住房保障工作"。2014年11月，央行将金融机构存贷款基准利率予以下调，下调后的贷款利率为5.6%，存款利率为2.75%；将存款利率浮动区间从基础利率的1.1倍扩大到1.2倍。

在房地产调控政策的刺激下，全国楼市成交量下滑7.8%，35个城市新建商品住宅存销比为16.7个月，处在历史高峰。三、四线城市由于人口吸附能力不强，基础设施配套不足，激励政策的实施效果较差。根据住房和城乡建设部数据，以2014年下半年的销售速度为计算基础，北京、上海、广州、深圳等一线城市新建商品住房消化周期为10.2个月，二线城市的住房消化周期为13.4个月，三线城市的住房消化周期为15.8个月，四线城市的住房消化周期为20.8个月，大量中小城市的住房消化周期超过30个月，房地产市场的区域风险加剧。

（四）房地产市场的稳健发展阶段（2015年至今）

习近平在2015年中央财经领导小组第十一次会议上，第一次对"供给侧改革"进行了全面深入的介绍。在积累了大量的房地产市场调控经验后，政府关于房地产市场的调控日益成熟，为了推动国内房地产行业健康有序发展，在坚持去库存、促消费整体布局的同时，着力培养房地产市场的内在良性发展动力，加快推进房地产业的供给侧结构性改革，针对房地产市场的区域分化问题采取差异化措施，鼓励地方政府精准施策，促进房地产行业的稳中向好发展。

第三章　经济新常态下我国房地产经济发展的现状分析

在前期房地产去库存政策刺激下，国内房地产市场整体出现回暖迹象，但是2015年的房地产开发投资仍然低迷，土地成交价款下降23.9%，土地购置面积下降31.7%，房屋新开工面积下降14%，房屋竣工面积下降6.9%，大量房地产产业指标负增长。为此，国家继续出台房地产消费激励的有关政策，努力化解房地产库存。2015年3月，《关于进一步调整住房公积金个人贷款有关问题的通知》颁布，明确加大扶持职工购买首套房。2015年3月，央行、财政部、住房城乡建设部、银监会等多部委联合对原有房地产政策进行调整，包括居民购买第二套住房并且首套住房贷款尚未还清时，第二套住房首付占比应在40%以上；居民购买首套普通自住房且使用住房公积金贷款时，首付最低应控制到20%，如果居民购买第二套住房且首套住房贷款已经还清，第二次申请使用公积金购房时，首付最低应控制到30%；已购买普通住房超过2年且对外销售的不再征收营业税。同年5月，央行继续将存贷款利率下调0.25%~5.1%，其他存贷款利率也作出相应调整。同年8月，《住建部等部门关于调整房地产市场外资准入和管理有关政策的通知》颁布，将境外个人在国内住房方面有关限制性措施予以取消。8月31日，《关于调整住房公积金个人住房贷款购房最低首付款比例的通知》出台，再次将拥有1套住房且贷款结清的居民家庭再次申请住房贷款的首付款占比降到20%。9月30日，《关于进一步完善差别化住房信贷政策有关问题的通知》颁布，不限购城市居民的首次购买普通住房的商业性个人住房贷款的首付比变更为25%。10月24日，中央银行再次降息25个基点。扩大市场资金规模，降低居民购房成本和房地产企业融资成本，促进房地产开发投资。从2016年1月1日起，新的公积金贷款利率降到3.25%。2月29日，央行宣布下调存款准备金率0.5%，释放7 000亿流动资金。2月19日，《关于调整房地产交易环节契税营业税优惠政策的通知》颁布，分别从房地产营改增计税方式、税率、二手房交易纳税等不同方面刺激房地产市场回暖。

2016年下半年，在去库存的政策背景下，伴随着降税、降首付、降息等房地产市场利好政策不断出台，房地产市场区域分化加剧，局部地区房地产市场出现过热局面，部分城市房价和成交量出现井喷式增长。2016年，住房全年累计销售面积137 540万平方米，同比增长22.4%，全年新建商品房待售面积降至40 257万平方米,同比下降11%,部分城市去库存效应显著[①]。

与此同时,一线城市的房地产市场调控持续收紧,主要体现在限购、限贷、限价政策范围拓宽,调整土地供应计划,严格土地拍卖政策,强化市场监管,加强金融风险管控。2016年3月25日,上海市出台《关于进一步完善本市住房市场体系和保障体系促进房地产市场平稳健康发展的若干意见》,对住房限购政策采取更为严厉的措施,增加非本市户籍居民家庭购房缴纳个人所得税及缴纳社保费的时长;推行差别化住房信贷政策,居民购买第二套普通商品房首付比例为50%及以上,购买第二套非普通商品房的首付比例为70%及以上,加强商业银行对居民购房首付款的核查力度[②]。2016年4月29日,中共中央政治局召开会议,指出要全面做好住房制度改革,消化房地产库存,明确提出"抑制资产泡沫"的要求,有效处理好其中存在的结构性、区域性问题,房地产市场调控政策逐步改为"分类调控,因城施策",严格落实差别化调控等。房地产市场差别化调控得到中央政府的认可。一线城市延续收紧态势,二线城市政策宽松与收紧并存,另外,三、四线城市库存压力依然严峻,三、四线城市政策普遍宽松,着力推动去库存,房地产市场调控政策开始出现区域分化。

2017年,各地政府加强房地产调控力度来抑制热点城市的投资投机需求。党的十九大报告提出,"坚持房子是用来住的、不是用来炒的定位,加快建立多主体供给、多渠道保障、租购并举的住房制度,让全体人民住有所居",为中国房地产市场发展确立主基调。仅仅2017年,全国各地出台的与房地产调控的政策总共为246次,在政府科学有序宏观调控的基础上,综合采取限售、限购、限价、限贷等相关政策,努力抑制住房市场中的投机现象,推动房地产市场平稳有序发展。2017年1月12日,全国国土资源工作会议召开,强调完善分类调控体系,指出对保障性住房用地应

---

① 截至2016年底,全国住房库存总量仍达到28.16亿平方米,平均去库存周期仍需两年半的时间,库存总量依然很高,区域市场发展极不均衡,高库存与住房短缺在空间上并存。
② 2016年8月,住建部、发改委、银监会等七部门联合印发《关于加强房地产中介管理促进行业健康发展的意见》,明确指出金融机构及中介机构不得提供首付贷等违法违规的金融产品及服务。10月,国务院办公厅发布《互联网金融风险专项整治工作实施方案》,规范互联网金融"众筹买房"等行为。

保尽保,对商品房结合市场供给与需求出台相关政策措施,建立完善的住宅用地供应分类管理体系;部分城市如果存在房价过快上涨压力,当地政府可适当增加土地供给,而对于三、四线城市来讲,部分城市面临较大的去库存压力,则这些城市应暂停住宅用地供应。2月16日,中国人民银行金融市场工作会议召开,指出严格落实差异化住房信贷政策,做好金融宏观审慎管理工作,有序推动房地产市场健康发展。2月26日,在中央财经领导小组第十五次会议中,习近平总书记指出各地应对房地产投资预期进行合理引导,确保各地房地产市场能够平稳有序发展;对中长期供给体系做好优化整合,确保房地产市场能够实现动态均衡发展。三、四线城市依然存在大量的房地产库存,应支持居民自住及进城人员购房需求,坚持"租购并举",构建住房改革长效体系。4月1日,《关于加强近期住房及用地供应管理和调控有关工作的通知》颁布,指出要全力做好住房及用地供应管理工作,优化协调处理好住房供求关系,确保市场预期的平稳有序。7月20日,《关于在人口净流入的大中城市加快发展住房租赁市场的通知》颁布,指出要出台多项措施来加强租赁住房市场规范发展。9月21日,《关于支持北京市、上海市开展共有产权住房试点的意见》出台,指出要全力扶持北京及上海地区做好共有产权住房试点开展,合理引导北京及上海在坚持制度创新的基础上,联系两地发展实际,积极探索优化共有产权住房模式、产权转让等方面的内容,并且能够为这一模式在全国其他地区的推广试点提供经验。8月28日,《利用集体建设用地建设租赁住房试点方案》颁布,在结合地方自愿的基础上,确定上海、广州、武汉等13个城市推行集体建设用地建设租赁住房试点。12月18日,中央经济工作会议上明确强调加快构建多主体供应、多渠道保障、租购并举的住房体系;健全完善住房租赁市场建设,切实保障不同利益主体的切身利益,推动租赁市场的规范有序发展;建立完善的住房平稳发展长效体系,确保房地产市场宏观调控的稳定性和有序性,理清中央及地方事权,严格制定差别化调控措施。

受房地产市场宏观政策影响,根据国家统计局数据统计,2017年,我国房价整体仍呈上涨趋势,但上涨速度逐渐放缓。2017年,百城商品房均价从1月份的13 105元/平方米上涨到12月份的13 967元/平方米,均价涨幅仅为7.15%,商品房销售面积累计14.66亿平方米,比上年下降6.8%,

其中住宅销售面积总共实现12.60亿平方米，比上年下降8.4%。但是房地产市场的区域分化现象严重，根据国家统计局公布的住宅商品房平均销售价格数据计算可得，北京住宅价格在2000—2017年上涨了约612.7%，上海住宅价格上涨了约647.6%，一线城市房地产市场价格居高不下，三、四线城市和中小城市房地产市场去库存压力巨大。

2018年全国两会上，政府工作报告再次明确"房子是用来住的、不是用来炒的"的观念，强调为了有效缓解民众住房问题，突出各级地方政府职责，推行差别化管理调控措施，构建健全的长效体系，推动房地产市场有序建设；有效满足居民自住购房需要，加强住房租赁市场培育工作，推动共有产权住房建设。《住房城乡建设部关于进一步做好房地产市场调控工作有关问题的通知》发布，指出在未来3~5年的发展中，热点城市应该着重加强共有产权住房用地及租赁住房建设，确保其在新增住房用地供应中的占比达到50%以上。《关于推进住房租赁资产证券化相关工作的通知》强调，在全国范围内优先鼓励引导国家政策重点支持区域和运用集体建设用地建设租赁住房试点城市的住房租赁项目，逐渐推动资产证券化的实施。在《关于保险资金参与长租市场有关事项的通知》中，银保监会强调要积极引导符合要求的保险机构积极参与长租市场建设，推动长租市场有序发展。农业农村部指出，处于闲置状态下的集体建设用地及不同房产设施可以在符合法律规定的基础上，尝试不动产租赁物业建设。国家发改委要求对房地产企业境外发债资金投向等进行合理引导，房地产企业外债资金投资境内外房地产项目及补充运营资金等进行限制，并且需要企业上交资金用途承诺等相关内容。《城乡建设用地增减挂钩节余指标跨省域调剂管理办法》强调，在人均城镇建设用地水平不足、规划建设用地规模存在欠缺时，可以运用跨省域节余指标少量增加规划建设用地规模；加快农村集体经营性建设用地建设租赁住房试点工作，创新原有的土地供应模式，扩大住房土地供应。同时，国内不动产登记信息管理基础平台已经建设完成，进入全面运行时期，这有助于为政府出台科学合理的决定提供必要的数据参考，也有利于为房地产税征收工作提供支持[1]。除了传统的限购、限售、限贷等

---

[1] 2015年2月26日《不动产登记暂行条例》正式公布，要求在全国范围内构建完善的不动产登记信息台。

政策，政府全力做好市场监管，有效满足民众的实际住房需要。

2018年12月，全国百城商品房均价为14 678元/平方米，同比上涨5.09%，较2017年增速下降2.06%。我国房地产市场整体发展平稳，上涨速度放缓，投机炒房明显减少。2019年以来，各级政府在坚持"只住不炒"原则的基础上，坚持住房居住属性，强化金融监管降杠杆，引导预期回归理性，坚决抑制投机炒房和房价上涨，全力推动基础性关键制度改革，重视房地产市场的中长期发展，构建长效机制，构建完善的住房租赁体系，特别是集体土地建设租赁房，制定有关房地产税立法，积极完善土地及住房供给结构，坚持因城因地施策，使各地政策更具针对性，促进我国房地产整体平稳有序发展。

综上所述，中国的房地产市场起步较晚，从无到有，政府在房地产市场发展中具有重要的作用。从1978年开始由计划供给向市场化过渡，直至1998年房地产市场基本完成了商品化市场化转向。1999—2009年为我国房地产业迅速崛起的黄金十年，在这期间房地产业逐渐成为我国国民经济发展的支柱产业，房地产业的快速发展对国民经济的增长和人民生活水平的提高起到至关重要的作用，并由此导致的房价持续上涨，住房供需不平衡问题日渐成为民生问题的重中之重，国家也因此出台了相关政策法规来规范和引导房地产业的市场化行为。2007年以后，随着关于房地产市场发展的各项法规的逐步完善，在房地产市场调控经验日益丰富的基础上，国家对房地产市场调控政策运用更加娴熟，政府针对房地产市场积极实行逆周期调控，效果显著，具体表现是房地产市场受国际金融危机和前期紧缩调控政策影响短暂下行后，受扩张调控政策刺激迅速上行，过热后又受到调控政策的紧缩影响，控制房价成为调控的重点，国家相继出台了国八条、国六条、新四条、新国十条等诸多稳定房地产市场理性健康发展的政策。从2015年开始，面对中国经济进入"新常态"后经济增长下行压力，受供给侧结构性改革影响，"去库存"为房地产市场的宽松发展提供了新的条件。面对房地产市场区域分化的日益严重，地方政府的分类调控成为主导力量；为了更好抑制部分过热城市房地产投机，在"房住不炒"的指导思想下，地方政府调控房地产市场手段日益细化，结合户籍制度改革、土地改革、房产税等房地产市场发展长效机制的构建，国内房地产市场发展基础性制度不断优化,房地产市场进入了平稳有序发展的时期。

不论政府干预房地产市场的成本是否大于收益,房地产市场的不完善为政府干预房地产市场提供了依据。因此,研究经济新常态下我国房地产经济可持续发展,有必要了解我国房地产市场的发展历程,尤其是了解当前我国政府的房地产市场政策,对我国房地产市场的未来发展趋势有一个基本的判断。根据我国政府对房地产市场的调控和房地产市场的周期性变化,可知我国高度重视抑制房地产泡沫的出现,重视为所有居民提供能够满足其合理需求的住房,保持房地产价格的稳步上涨,不脱离实体经济发展的支撑。

二、经济新常态下我国房地产经济发展的现状、问题及影响因素

(一)经济新常态下我国房地产经济发展的现状

笔者将通过房地产开发投资额、房地产各类投资变化趋势、中国房地产业的建设概况、商品房销售概况几个方面,利用数据分析中国房地产业发展的现状。

1.房地产开发投资额

1978年改革开放以后,中国房地产业发展开始正式起步。然而,1998年亚洲金融危机开始蔓延,对中国房地产业造成一定的冲击。为了刺激居民住房消费,打开房地产业市场,中央政府在当年宣布将在全国范围内中止福利分房,推动住房商品化的新时代。图3-1绘制了1998—2019年中国房地产开发投资额及其增长率的变化趋势。

第三章 经济新常态下我国房地产经济发展的现状分析

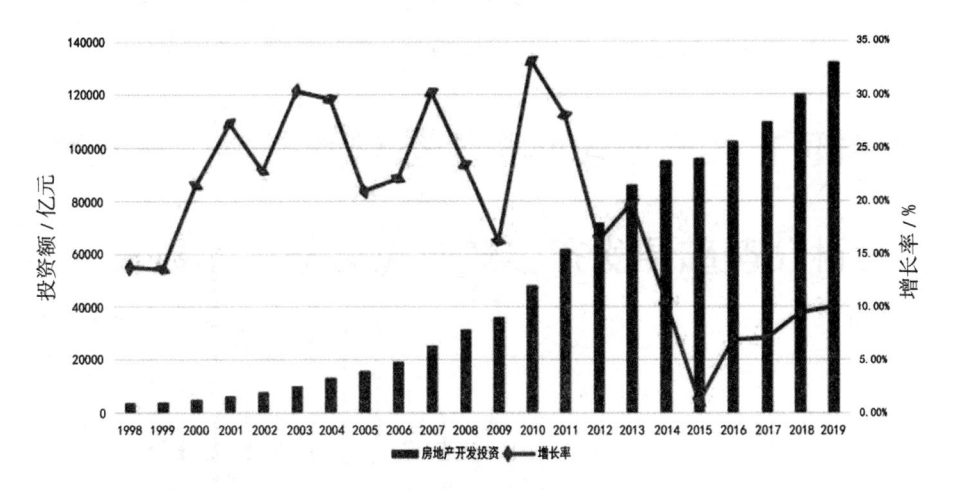

图 3-1 中国房地产投资额及增长率

数据来源：通过《中经网统计数据库》搜集整理

房地产开发投资额在 1998 年只有 3 614.23 亿元，但是由于房地产业发展十分迅猛，到 2004 年底达到了 13 158.25 亿元，是 1998 年的 3.64 倍，短短几年时间增加了 9 544.02 亿元。中国房地产业在这几年也基本上呈现为井喷式增长状态。2008 年，由美国次贷危机引起的金融危机开始蔓延至中国，国内经济增速开始大幅下降，房价也因此大幅下跌。2007 年，房地产开发投资额增长率为 29.59%，到 2009 年时，其增长率迅速跌落至 16.15%。与此同时，中央政府开始实施一系列调控政策进行救市，如"四万亿计划"，国内房价也开始上升，并且在 2010 年达到增长率顶峰 33.16%。在此刺激政策下，住房供给迅速飙升，但需求却远远不足。2014 年 2 月，楼市库存严重，房价逐渐步入盘整期。国家在实施一系列的房地产政策调控后，控制房地产开发投资规模，在 2015 年增长率达到最低点 0.99%。2016 年，中央政府通过持续的降准、降息、降税、降首付等调控手段，房地产业市场开始回暖。但是，由于国家在近些年坚持房住不炒，调控频发，房地产开发投资额增长率稳定在 9% 左右。

2. 房地产各类投资变化趋势

在了解了我国房地产开发投资额及其增长率从 1998—2019 年的变化情况后，我们还需要对房地产开发投资的主要部分进行分类研究，以便更清

63

晰地了解不同种类的房地产开发投资额其变化有什么差异。图3-2绘制了1998—2019年中国房地产各类开发投资额及其增长率的走势情况。

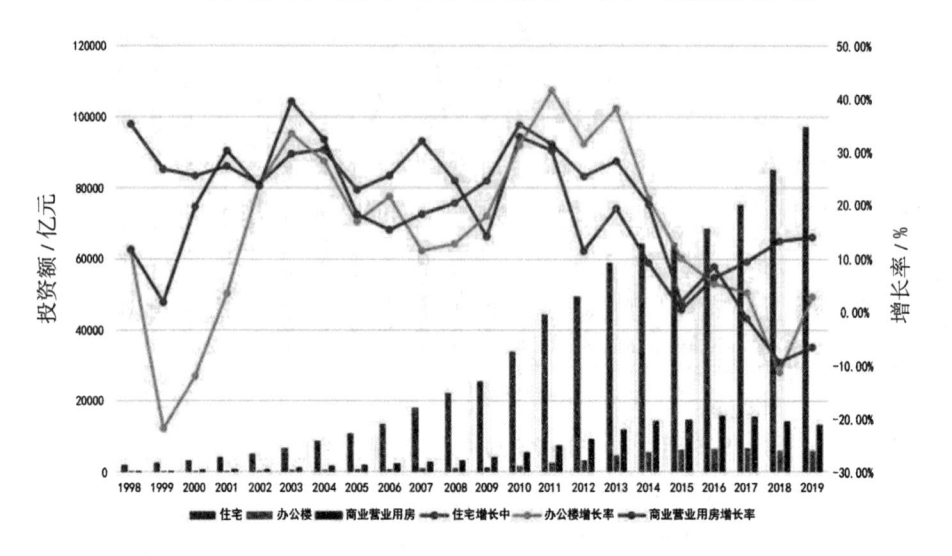

图 3-2 中国房地产各类投资走势图

数据来源：通过《中经网统计数据库》搜集整理

从上图可以看出，1998—2019年中国房地产住宅投资额呈现逐年上升趋势，而它的增长率在2010年后开始出现下滑，2015年又出现回升的迹象，这与前文所述也相呼应。其中，住宅投资增长率在2014年回落幅度相对较大，至2015年时已下滑至最低点0.38%。由于房地产投资中住宅投资占据了较大比例，同时住房又是居民生活的刚需产品，其变化是紧跟国家宏观经济形势，即国民经济增长、国民收入发生变化时，住宅投资也会发生相应变化。相反，办公楼和商业营业用房投资波动幅度较大，其主要原因还是受城镇化水平和不同城市规划影响较大。因此，政府应该还要考虑房地产投资结构的问题，不断调整优化房地产业发展结构，以促进房地产业之间的协调发展。

3.中国房地产业的建设概况

自1998年宣布住房商品化以来，房地产业的施工面积、竣工面积均在不断上升，说明房产供给一直呈现扩大的趋势。其中，2014年以前，竣工面积变化幅度较小，房产供给与需求基本呈现相适应的状态。2014年以后，我国房地产业已经出现较严重的生产过剩问题，新房空置率较高，因此中央政府立即实施相应政策，调整优化房地产业市场环境。在此政策下，我国房地产业的竣工面积和施工面积增长率急速下降，甚至萎缩，好在2018年国家实施新一轮调控政策，房地产业又开始回暖。图3-3绘制了1998—2019年中国房地产业的建设概况。

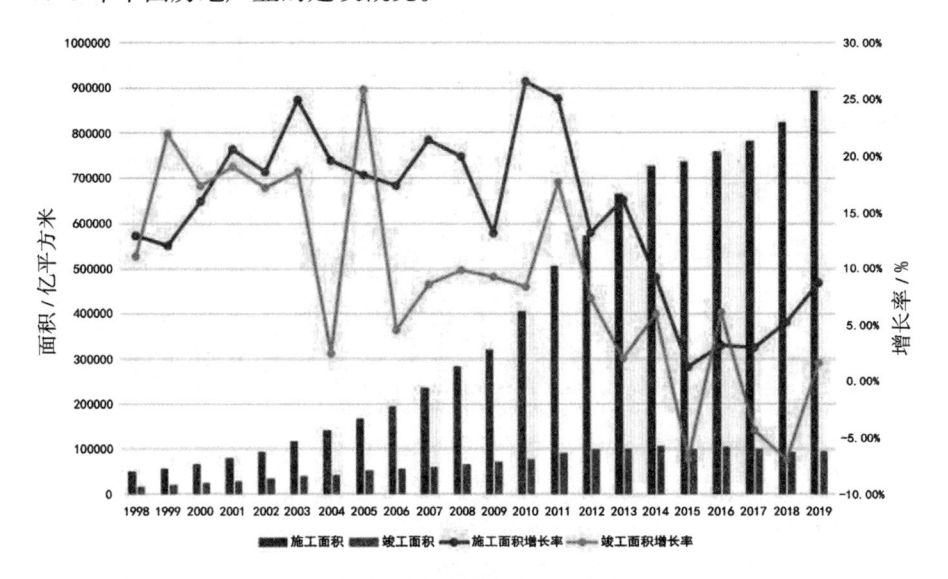

图 3-3 中国房地产业的建设概况

数据来源：通过《中经网统计数据库》搜集整理

由上图可见，房地产施工面积增长率从1998年开始一直保持高涨，于2010年达到顶峰26.53%，于2015年达到最低点1.27%。与此同时，相比于施工面积，房地产竣工面积增长率波动趋势与其大致相同，而这些也印证了前文所述的房地产开发投资额的变化情况。我国房地产市场环境正在逐步完善，当然离不开国家出台的一系列房地产政策，在未来我们需要时刻保持警惕。可见，房地产业发展需要政府发挥调控作用，使其保持一个协调、稳定、健康发展的状态，才能更好地促进国民经济增长。

4. 商品房销售概况

随着居民收入的增加，消费能力也大大增强，大部分居民纷纷有了购房需求，带动中国商品房市场不断发展。与此同时，由于我国的房地产业发展速度，导致商品房的价格居高不下。前文主要从投资角度研究分析了房地产业的发展情况，我们还需要从消费角度进一步分析。图3-4绘制了1998—2019年中国房地产商品房销售面积、销售额、均价及其对应增长率的走势情况。

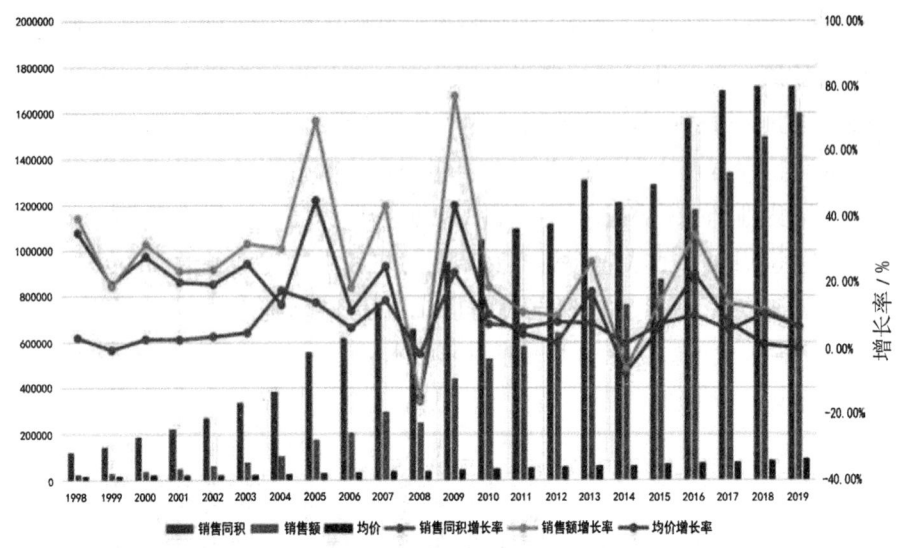

图3-4 中国商品房销售概况

数据来源：通过《中经网统计数据库》搜集整理

观察上图可知，商品房销售额和销售面积从1998年开始均在不断增加，并且它们的增长率波动幅度基本相同。其中，商品房销售额增长率在2005年达到顶峰69.40%。2007年美国次贷危机开始显现，并且在全球范围内引发金融震荡，受此影响，我国房地产销售额增长率迅速下降至最低点-16.13%。与此同时，于2008年出台的各种救市政策，使其增长率又急速回升至76.94%。在经历了几轮房地产市场宏观调控后，其平均增长率下落到18.02%的合理状态。与商品房销售面积和销售额的变化趋势相比，商品房平均销售价格多年来一直保持稳步上升，其增长率波动幅度较小。

综上所述，我国房地产业发展现状中，房地产销售额和房地产开发投资额波动趋势基本一致，且部分年份存在较大波动幅度。房地产业是拉动经济增长的中坚力量，因此，房地产业发展越不协调稳定，其存在的风险隐患也就较大，一旦房地产市场供大于求、泡沫破裂，很有可能对国民经济的各个方面产生负面影响。只有根据当前房地产现状的实际情况，政府实施相适应的房地产调控政策，才能有助于房地产业与经济增长的协调、健康、稳定发展。

（二）经济新常态下我国房地产经济发展存在的问题

1. 经济管理目标不清晰

当前我国房地产发展飞速的同时，已暴露出大量问题，其中较为严重的就是经济管理目标不清晰。而经济管理又是促进行业正常化发展的重要措施，实施结果显示初具成效，但是在整体发展上仍然有所不足。主要解决方向是通过管理部门进行干预，相关部门需要解决房价不断飞速上涨的问题，将稳定的房价作为今后工作的重点之一进行管控，同时对房地产开发进行管控，需要平衡不同层次的房产需求的数量。另外整体目标的缺乏，也是管理失效的重要原因，整个房地产管理措施为形成体系，使得政策跟不上实际问题的变化，与当前房地产经济的发展不匹配，需要有预见性，设置长远的房地产管理措施，从而实现行业的健康持久发展。当前各地都在积极推进保障性住房的建设，保障性住房体系的建立，对房价虚高问题的有效解决有着积极的意义，但是由于申请条件的限制及大多数人的投机心理存在，使得保障性住房不受人们青睐且入住率不高，无法发挥其应有的作用，从而难以将商品房的房价真正控制下来，房价依旧居高不下。另外，房产的开发有较长的周期性，变现时间长，而部分开发商只看到眼下的利益，没有长远的见识与规划，忽略了经济管理，使得房产经济管理虚有其表，很多开发商卷款潜逃，留下一地鸡毛，对房地产市场的稳定相当不利。

2. 宏观调控机制不完善

一直以来，国内宏观调控中对房地产行业发展的需求主要是确保其供求均衡，因行业发展经常受到价格、政策及供求等方面的影响，且在价值规律、价格、工期、竞争等多方机制的影响下，市场价格经常会受到供求关系的影响。上述机制中，影响最大的为价格机制，因此有必要加强价格管理。从供给侧分析，受土地资源、房屋耐用性、地方政府财政状况等方面的影响，地方房地产供给将朝着新的方向发展。从需求侧分析，随着城镇化的快速发展，居民居住的需求越来越高，收入水平不断提升，房地产价格也不断上升。但是，因居民收入的提升远远赶不上房地产价格的提升，所以居民难以满足自身房产需求。面对这一情况，行业供需失衡随之产生。国内政府市场调控方面应以市场均衡为主要目标，若房产供给较多，势必会导致库存增加，首付比例降低，银行降息；相反，若供不应求，则会导致首付比例与银行贷款利率提升。

3. 监督管理不到位

其一，中央与地方政府合作不佳，增加市场管理难度。近年来，随着城镇化的快速发展，很多投资人将目光锁定在房地产企业。随着房地产行业的快速发展，带领下游家电、冶金、机械、建材、水泥、玻璃等行业快速向前，带动国民经济快速发展，且政府也将着眼点放在提升土地价格与获得本地财政收入方面，房地产土地价格逐渐上涨。

其二，管理职责与范围界限不清。随着住房价格的上涨，部分人看到商机，增加房地产市场投资；再者，民间"炒客"越来越多。在双向作用的影响下，房地产价格不断上涨，且远超过购房者的经济承载力。但是中央与地方政府经济的利益来源不同，故而使管理形式、范围、权责等划分不清。

4. 相关法律法规不健全

从国外房地产行业管理经验中可以认识到，健全的法律体系是行业合理运行的前提。国内房地产经济管理正处在法律不健全的时期，现阶段，房地产管理法律法规缺少稳定性与严谨性。虽然房地产行业在特定时间与领域内已经建立初级法规，但是贯穿于房地产行业所有阶段的管理法规仍然不健全。

5. 行业泡沫滋生

房地产行业拥有很多货币资金与物质资源，资金和物质流难以正常回流，常常会导致资金链断裂，最终产生房地产经济泡沫。自 2016 年起，国内房地产市场成交量不断下降，结合相关数据报道，2017 年成交量下降 37%。2018 年，房地产市场成交量仍然在不断下降，受到国家宏观政策的调控，房地产价格涨势得到进一步遏制。2019 年 1—12 月，全国房地产开发投资 132194 亿元，比上年增长 9.9%，增速比 1—11 月回落 0.3%，比上年加快 0.4%。其中，住宅投资 97071 亿元，增长 13.9%，增速比 1—

11月回落0.5%，比上年加快0.5%。购房人员仍持观望心态，随着房价与成交量的萎缩，开发商不得不大量囤积房源，因而常常导致房地产行业资金难以循环。当前，这一问题越来越明显，行业泡沫随之产生。

6. 忽视环境保护

实现可持续发展的核心之一，就是建立与自然和谐共处的生活圈，推进绿色建筑的发展，但是其设计有一定难度，且建设的成本远远高于传统建筑。基于此，逐利的房地产开发企业通常不会采取该种方式，更多的是追求其建设效率以保证提前抢占市场，不会重视自然环境与人文环境的开发利用与保护，使得城市绿化面积不足，文化建筑被拆除，以及土地资源难以发挥出其生态化的作用。这样的发展是与社会的发展背道而驰的，不仅不利于房地产行业的可持续发展，也不利于国家的长久发展。

7. 房屋空置率高

当前房地产经济进入高增速发展阶段，一方面房产的刚性需求直线上升，另一方面房价不断攀升，使得一部分炒房客在短时间内暴富，刺激了投机性需求的增加，因此房产开发的数量与房产经济的规模也不断扩大，全国的存量房不断增加，但是实际上存量房越多，房屋的空置率越高。究其原因，首先，房价的上涨速度远高于国民的收入增加速度，人们为了保证购买房产后的生活质量，希望等房价降低后再购买，但房地产开发商为实现高利润，宁愿捂盘惜售，也不愿降低价格出售，使得住房空置率提升。其次，炒房团的出现，在购买大量房产后，开始炒作房产的价格，但房地产是一种特殊的商品，变现不易，也导致房屋空置。而近几年，随着国家加强对房地产的调控，从2019年史上最严厉的调控措施，到2020年的"房住不炒"，2021年又提出"努力实现全体人民住有所居"，一系列组合拳下来，加上新冠肺炎疫情的影响，近几年房地产市场开始出现衰弱的征兆，房产销售同比逐年下降，也增加了房屋空置的情况。空置的房屋不仅是对资源的浪费，对整个房地产行业及国家的发展来说，都极为不利。

（三）经济新常态下我国房地产经济发展的影响因素

1. 内在因素

其一，房价方面。现下造成房地产波动的因素就是房价失稳问题。因为房地产行业投资有着投机性及盲目性，造成房地产价格易于在不一样的时期产生很大的波动。同时在多数时候表现出非理性不规则上升问题。伴随房地产价格持续上升，在一定程度上造成房地产投资规模持续增加，进而促进房地产行业迅速发展。因为房地产供求关系的改变，导致追求恶性短期效益问题发生，阻碍房地产健康发展，为房地产行业衰退留下了隐患。

其二，投资方面。影响房地产行业发展的根本性因素就是投资，这是促进房地产行业发展的关键因素，也是房地产行业发展的驱动力。随着房地产业投资的持续增长，标准房地产行业拓展规模加速，让房地产行业步入繁荣发展阶段。国内房地产行业迅速发展和投资规模增加是息息相关的，假设限制行业投资规模，房地产行业就会遭遇寒冬期。房地产经济发展周期和投资规模有紧密联系，所以稳定房产需要先稳定投资，经过严格控制行业投资回报率，强化对投资的引导可达到严格把控投资增长的目的。

其三，供需方面。从宏观经济角度看中国房地产经济发展情况，可以了解到房地产经济关键受供需关系影响，供求双方变化是影响房地产价格上升的主要因素。房地产行业迅速发展和消费人员的关系紧密相连。此外，国内房地产行业发展还受到各种因素影响，尤其是国家经济政策对房地产的影响非常明显，而今房地产行业涨势持续，二线城市房屋价格上升快速，楼王现象不断涌现出来，在一定程度上是因为供需失衡导致的。现阶段，国家发布了房屋限购政策，关键是思考到了供需平衡的问题，如此才可以提升房屋价格宏观控制能力。

2. 外在因素

其一，土地方面。土地供给水平为影响房地产经济发展质量的因素之一，一般土地资源供给充足会推动房地产行业迅速发展，土地供给有限，会直接影响到房屋价格，对房地产行业总体发展水平影响较大。第一，土地为房地产基本价格，土地成本通常是房地产行业的40%左右，对于房地产发展质量有直接影响。第二，土地流动为房地产行业市场发展的基础与前提条件，就是由于土地市场不断发展，方可促进国内房地产行业迅速发展。第三，土地权属是组成房地产经济关系的基础，土地会直接影响宏观经济政策调节方向。确保土地资源科学配置，对推动房地产行业发展有很高的价值。伴随城市化进程持续加速，房地产行业土地供给较为充分，不过依旧要增强土地供给监督管理工作，避免出现随意占据土地的情况发生，增强土地供给控制，提升土地利用率。

其二，金融方面。房地产行业开发和金融资本紧密相连，现如今国内房地产行业发展关键使用的融资方式就是银行借贷。房地产经济为经济密集型产业，房地产行业发展的水平在一定程度上是由是否有很多资金注入决定的。房地产行业发展无法脱离金融资本的大力支持，金融业在某种程度上对房地产发展有促进作用，二者在当下为彼此配合和补充、不可或缺的关系。现下国内已经构建出健全的房地产金融体系，房地产行业信贷融资与股本融资法在一定程度上推动了房地产行业迅速发展。构成了以一级市场为核心的房地产金融市场体系，二级市场仍处于健全当中，房地产金融信用担保等有关机构处于持续健全发展之中。

其三，市场方面。市场环境为现阶段房地产行业发展影响的主要因素之一，尤其是伴随房地产行业供给量持续加大，行业拓展趋势影响到了城市经济发展秩序。与此同时，现阶段国内房地产需求出现了分化趋势，促使预估房地产走势愈发关键。当前，中国围绕房地产市场建立了层次不一的住房保障体系，在保持房地产供给和总需求平衡的同时，促使房地产经济结构更加合理，形成长效市场管理机制。自党的十九大召开以来，中国奉行市场化房地产行业发展路线，关注减少行政机制对行业的直接干预，构建长效市场调整机制，强化地方房地产市场环境构建力度，严格把控房地产行业风险，有效采取市场方式调整投资过热行为，实现健全市场竞争体系，确保行业稳定增长，以期经过市场化行为来处理现下库存处在高位、房地产行业消化周期较长、房地产供求失衡的矛盾。

第四章 国内外房地产经济波动与金融风险的经验借鉴和实证分析

房地产业的健康发展有助于国民经济的良性发展，但是倘若房地产市场的发展偏离了正常发展轨迹，那么将会给一国经济和金融系统带来严重的危害。考察历史上典型的房地产泡沫案例，比较分析房地产泡沫的经验教训及对金融体系的影响，将有助于我们把握中国房地产市场的走向，对我国房地产经济的健康持续发展，有着十分重要的意义。因此，本章选取日本作为发达国家的代表，泰国作为欠发达国家的代表加以分析。以期能找到可供借鉴的经验。另外，我国香港地区历史上曾经出现过严重的房地产泡沫。中国大陆至今尚未遭遇过金融风暴的袭击，但是，历史上局部地区出现过严重的房地产泡沫，如20世纪90年代的海南、北海房地产泡沫。本章也分析香港和海南、北海的典型房地产泡沫。

一、房地产经济波动引致金融危机的国际借鉴

（一）日本的房地产经济波动与金融风险

我国在经济和金融上受日本影响较大。另外，我国在经济和金融发展过程中，也从日本方面吸收了大量的经验和做法。典型的如重视发展间接金融、外汇指定银行、主银行等。尤其在金融方面我国与日本具有较大的相似性，如以银行为主的间接金融在金融体系中占有绝对主导地位等。这就使得对此案例的研究对于我国的房地产金融风险防范，尤其具有比较现实的借鉴意义。

第四章 国内外房地产经济波动与金融风险的经验借鉴和实证分析

1.日本房地产经济波动与金融风险实证分析

许多学者将日本20世纪80年代后半期的经济称为"泡沫经济",因为在此过程中出现了大规模的包括房地产在内的资产价格的疯狂上涨。当时日本泡沫经济的形成及破灭过程正好与此时期日本经济周期的扩张与衰退阶段相对应。

需要特别指出的是,日本的不动产抵押贷款的作用。它主要包括向企业和居民发放的用于开发、购房和其他用途的贷款。由于日本金融制度中一贯以来的有担保原则,以及与"土地神话"和土地市场的流动性有关,土地在日本是金融机构尤其是银行贷款的首选担保品。从泡沫经济时期来看,银行新增的贷款中不动产抵押贷款占有相当大的比例。而且除此之外,银行的其他贷款,如对中小企业的贷款,也都与不动产担保有联系。

(1)房地产经济扩张时期的金融风险

①扩张时期房地产价格水平的上涨

在此扩张阶段,即1986—1991年,日本的宏观经济保持了较高的增长速度(如表4-1所示)。

表4-1 1986—1993年日本经济状况

年 份	GDP/万亿日元	GDP增速/%	实际GDP增速/%	股票总市值/万亿日元	土地资产总值/万亿日元
1986	338	4.6	3.1	230	280
1987	354	4.7	4.9	301	449
1988	377	6.5	3.8	394	529
1989	403	6.9	4.5	527	521
1990	434	7.7	5.1	478	517
1991	457	5.3	2.9	373	504
1992	465	1.8	0.4	297	428
1993	470	1.0	0.5	—	—

资料来源:野口悠纪雄,《泡沫的经济学》,日本经济新闻出版社,1994年12月

在此扩张阶段,与经济的较快增长相对应的是土地价格和股票价格等的迅速上涨(如表4-2所示)。表中反映的土地价格变动是日本全国的平均水平。实际上在大中心城市尤其是东京都,地价的上涨幅度更为剧烈。如在1986年,东京都最好的高级住宅区地价上升了90%以上。土地和股票

等资产价格的暴涨是此扩张阶段的一个显著特征。其结果是导致土地资产总值和股票总市值的急剧膨胀。需要指出的是，在日本房地产价值主要体现在土地上，而非建筑物。这是日本不同于其他国家的特别之处。

表4-2 日本1986—1994年地价与股价变动情况

年 份	土地价格增速/%		股票价格／日元	
	住宅地	商业地	年初	年末
1986	3.0	12.5	12 983.21	18 705.83
1987	21.5	48.2	19 265.27	22 683.75
1988	68.6	61.1	22 848.81	29 720.69
1989	0.4	3.0	31 170.76	38 130.00
1990	6.6	4.8	37 404.76	23 740.50
1991	6.6	4.1	23 321.20	22 304.11
1992	−9.1	−6.9	21 857.02	17 390.40
1993	−14.6	−19.0	16 588.30	17 263.23
1994	−7.8	18.3	18 661.10	19 299.47

资料来源：根据日本银行《经济统计年报》整理

②扩张时期不动产贷款的增长

在扩张阶段，随着土地价格上涨，金融机构尤其是银行，资金运用的最大特点是对不动产业的融资显著增加。这与日本大藏省对银行持股比例的限制和传统的以土地为有效担保的原则有关。1984年末，全国银行业对不动产业的贷款余额为16.7万亿日元，只相当于对制造业贷款的27%，1989年末时则上升到超过40万亿日元，约相当于对制造业贷款的74%，1991年底时，不动产贷款余额上升至45.4万亿日元，包含通过非银行金融机构贷款部分，其中约一半为城市银行贷款。从增幅来看，仅增长明显的1986年一年就增加了7.2万亿日元。1985—1991年的累计增加额达28.7万亿日元。1984年时，全国银行向不动产业的融资余额仅占总融资额的6.9%，1991年末时，这一比率提高到11.6%。在不动产贷款金融机构中,甚为典型的情况是城市银行,其对个人的住宅贷款伴随地价上涨,在1987年以后的4年间翻了一倍。1991年时占到总贷款的16.4%和对个人贷款总额的70%。

究竟是什么原因导致了日本20世纪80年代迅速增加不动产贷款?70年代末以来一直进行的金融自由化被认为是一个重要原因。金融自由化改变了金融机构的资金来源构成,利率水平较高的自由利率商品化比重逐渐上升,结果提高了银行的资金成本。银行为消化成本上升带来的影响,不是通过提高贷款利率将其转嫁,而是继续采取了一贯以来的扩大规模战略,通过调整和转移融资对象的方式转向高利率的贷款对象,增加长期贷款,抵补筹资成本的上升。其结果与不动产有关的贷款大量增加及对中小企业和个人的贷款大量增加。另外,银行等金融机构也在降低贷款审查成本上下功夫,在这方面不动产贷款也是一个其自身认为是很好的选择。因为当时房地产价格持续而迅速地上涨使得它们相信这种贷款的信用分析仅仅是对不动产价格的未来走势进行估计。此外,由于自由化后筹资渠道的增加,曾是大银行好客户的大型非金融公司开始离开银行转而利用证券市场。因此,大银行也转向较小的公司寻找客户,这就意味着小银行因而失去了部分客户,有些银行也为此增加了不动产贷款。

③扩张时期的金融风险

在经济扩张阶段,伴随土地、房屋、股票等资产价格的暴涨,不动产贷款规模迅速扩大。在贷款总额中的比重也在不断上升,这就使不动产贷款的潜在风险处于急剧积累的过程中。另外,规模急剧扩大的不动产贷款又进一步助长了房地产价格的上升和投机活动的升级。过度的金融支持,给扩张中的经济火上浇油。在整个经济扩张阶段,这两者之间形成一种互相推动螺旋上升的恶性循环过程。这种过程发展的结果是,当经济扩张发展到顶峰时,不动产抵押贷款的风险就像高悬在日本金融和经济体系头上的一把利剑,随时可能扼杀其经济和金融。

(2)房地产经济收缩时期的金融风险

①收缩时期的经济衰退与房地产价格水平下跌

到1989年时,日本银行终于认识到这种过热经济的危害而开始收缩金融政策。1989年5月31日,日本银行将官方利率从2.5%上调到3.25%。

此后又连续4次调高利率,到1990年8月,官方贴现率已调至6%的高水平。实行紧缩货币政策的结果是货币供应增长率的下降,经济收缩阶段终于来临了。事实上这是日本在二战后经历的最严重的一次经济金融危机。

收缩阶段,日本的经济增长率大幅下降。在此之前股票市场的下跌就已开始。日经指数从1990年初开始转入下跌,当年就跌去了40%。到1992年8月时,日经平均股价指数已从1990年1月4日的38 712日元跌至14 000日元。跌幅惊人,与此相应,股票总市值也大幅缩水。而地价的下跌明显晚于股市,这是因为土地市场规模远较股票市场规模庞大。并且土地交易受土地税制等方面的影响难有实际成交。除此以外,地价还受到来自银行以外的其他资金渠道的支持。即便如此,地价的大幅下跌也在所难免。1994年,地价已较1991年的高峰期平均下降了50%,土地资产总额也逐年下跌。随着经济转入收缩和房地产价格的下跌,银行等金融机构适当减少并加速收回了一些对不动产的贷款。

②不动产贷款风险的爆发与影响

收缩给日本社会各方面带来了广泛的消极影响,如导致国民财富的巨额损失,造成大批企业、个人和金融机构的破产。在资源配置上形成大量浪费,在收入分配上产生了很大扭曲,并且在很大程度上摧垮了日本国民经过战后持续经济增长所建立起来的民族自信。这种影响一直持续到整个90年代,长期不能消除。收缩期,在泡沫形成时期积累起来的巨大风险,以不动产抵押贷款和证券贷款风险为主,暴露和释放出来。使日本金融体系背上了巨额不良债权的包袱,并导致90年代众多金融机构的破产。最终引起了90年代后期战后最严重的金融危机。

A. 日本危机后的不良债权

泡沫经济的崩溃及随之而来的不动产抵押贷款风险的爆发留给日本金融体系的主要遗产是规模庞大的不良债权。在经济不景气的背景下,日本的金融体系实际上已陷入同不良债权危机的长期对抗。以土地等不动产为抵押的巨额贷款使日本金融界背上了沉重的不良债权包袱。20世纪90年代日本的不良债权数量庞大,并且涉及所有金融机构。这实际上是一种金融危机的表现。从1992年3月的决算期开始,日本银行界开始对外公布不良债权情况,此后每期公布的数字一直在上升。大藏省1995年9月对外公布的所有存款金融机构不良债权总额为40万亿日元。另外，从全国银行协会1998年1月首次根据自查结果公布的全国银行系统分类债权统计数来看，在625万亿日元的贷款余额中，安全债权为548万亿日元，剩余77万亿日元贷款债权都不同程度地存在问题。通过分类分析得出这77万亿日元问题债权中，将近21.1万亿日元为不良债权，相当于日本名义GDP的4%。这一比例不仅远远高于日本20世纪30年代昭和金融危机时期的水平2.5%，也大大超过了20世纪90年代初美国商业银行不良债权危机时的水平2.9%。而同期日本全国银行的总资本金尚不足30万亿日元。此仅为银行等存款金融机构的不良债权数目，如果再加上非银行金融机构等的不良债权其规模会进一步扩大。

此外，大藏省在1996年的调查表明，存款金融机构对非银行金融机构的不良债权达6.69万亿日元，约占同期公布的存款金融机构不良债权总额的23%。其中，主要20家大银行对非银行金融机构不良债权约5.5万亿日元。从不良债权和金融机构破产情况最为严重的大阪地区来看，大阪府内20家信用组合中，有11家处于破产状态。这11家破产信用组合的不良债权金额达7 165亿日元，占贷款比率高达63%。11家信用组合资不抵债金额累计超出3 303亿日元。其中，1995年破产的木津信用组合的不良债权比率高达96%，资不抵债金额达1 400亿日元。

B. 不动产贷款及其风险对不良债权的影响

日本20世纪90年代巨额不良债权的形成可能有多种原因，但无论如何，扩张时期不动产贷款的迅速增加所积累起来的巨大风险的爆发无疑是其中最重要的原因。首先，由于20世纪80年代中后期不动产贷款的上升是与此时期土地价格的骤升相对应的，因此，20世纪90年代土地价格的长期大幅下跌便能很明显地证实这一点。其次，从已有学者的实证研究来看不少研究都能支持上面的观点，如植田1998年利用148家最大银行的截断面数据分析，到1990年为止的不动产贷款与20世纪90年代坏账问题的关系，结果发现对不动产业大量贷款的银行在20世纪90年代的坏账问题中受害较深。同时发现那些在小企业和不动产业中客户基础较薄弱的银行，以及那些与同行业相比存款利率提高较大的银行，在80年代末所从事的不动产贷款数量较大。这些结果与金融管制的放松迫使某些银行扩大不动产贷款的假设是一致的。

  日本住宅金融专门公司简称"住专"，是1971—1979年以主要金融机构及其他行业等为母体，为稳定、有效地提供住宅用资金目的而设立的专门公司。其性质并非金融机构。在泡沫经济时期，特别是在泡沫经济后期及崩溃过程中受特定政策及其他因素的影响，住专将大量资金投入不动产、建筑业等。泡沫经济崩溃后，住专贷款大量成为不良债权。在所有行业中表现十分突出（如表4-3所示）。其不良债权问题非常严重，很大程度上是由于过度提供不动产抵押贷款引起的。虽然从其他角度来看，无效或松懈的银行管理有时也被认为是坏账的一个原因。这种说法虽然有道理，但将其视为整个发生坏账的原因之一却有些牵强。必须指出的是，许多银行是突然变得没有效率的。

表4-3 日本住宅金融专门公司的不良债权情况（亿日元）

时间	贷款/亿日元	不良债权/亿日元	不良率/%	自有资本/亿日元	呆账准备金/亿日元	本期利益/亿日元	资不抵债/亿日元
1991年3月	12 4200	46 500	37	—	—	—	—
1992年3月	12 3200	18 500	15	2 086	1 196	96	10 500
1993年3月	10 2100	48 300	47	537	2 320	12.55	23 200
1994年3月	11 1400	60 300	54	—	—	—	—
1995年6月	10 7200	81 300	76	—	—	—	63 100

资料来源：根据高尾义一《金融紧缩》整理

  C.不动产贷款风险的进一步发展

  在这次经济金融危机中，不动产贷款风险的爆发是一个很重要的方面。从经济收缩后不动产贷款风险爆发的影响来看，并不止于形成大量不良债权。实际上在此后相当长的时期内风险爆发的影响一直在进一步发展。其中，金融机构的频频破产是最明显的方面之一。1992年，日本出现战后首次金融机构破产风潮，日本东邦银行破产被称为"代表日本银行不倒神话破灭的象征性事件"。20世纪90年代中期以后，日本金融机构破产势头愈演愈烈。1997年，以山一证券、北海道拓殖银行和日产生命保险公司为代表的金融机构破产，标志着日本金融业整体正面临着战后最为严重的金融危机。从金融机构破产的原因来看，直接原因是不良债权问题的进一步发展和恶化，但更为根本的原因之一则是经济进入收缩阶段后不动产贷款风险在金融体系中进一步爆发和发展的结果。在日本以间接金融为主的金融体制下，金融机构特别是银行巨额不良债权的形成及频繁破产，对经济和金融体系产生的冲击性相当明显。其中一个主要方面就是所引发的信用收缩、巨额不良债权及金融机构破产带来的金融恐慌，使得金融机构为保全自身大量收紧信贷，造成大规模的信用收缩，即所谓惜贷现象。为避免日益加大的信用风险，日本国内金融机构只对信用程度高的极少数企业贷款。资金拆借市场渠道不畅，穷于周转的金融机构急于回收贷款，从而使日本出现了典型的信用收缩。这又进一步使企业和个人陷入困境，而不断增加的企业和个人贷款问题又形成新的不良债权压力，如此恶性循环。

2. 日本金融危机的教训

（1）对不动产贷款风险的忽视

应该说日本对于不动产贷款风险的忽视是一个社会性的现象，既有政府层面的重视不够，也有金融机构及社会公众认识的不足。另外，这又是一个长期性的现象。从造成这种情况的原因来看，日本战后地价在长期中的上涨趋势是一个很重要的因素。同时，日本战后长期经济增长所带来的一种乐观气氛也是一个因素。在经济扩张时期这两种因素表现得更为明显，甚至在很大程度上得到了放大，以至盲目乐观的投机气氛弥漫整个经济，而政府对此亦没有予以充分重视，结果使得伴随地价的暴涨和不动产贷款的膨胀，不动产贷款风险迅速积累，成为日本经济金融中一个潜在的火药桶。而经济的扩张不可能永远持续下去。伴随危机的到来，不动产贷款风险的爆发就造成了严重的后果。总体来看，应该说这种对不动产贷款风险的忽视是政府及各经济主体不适当行为的思想根源。

（2）日本政府在经济扩张阶段不恰当的货币政策

从日本政府的货币政策来看，应该说在此周期中存在比较明显的失误，主要表现为在经济扩张时期实行降低利率放松银根的扩张政策。由于日元自1985年12月的"广场协议"后大幅升值，为了消除日元升值对经济的不利影响，日本政府随后采取了金融缓和政策。1986年1月30日起，日本银行分数次将官方贴现率从1983年以来的5%降至2.5%的历史低点，并持续容忍接近或超过10%的货币增长速度。这项政策一直持续到1989年5月方作出调整。这一宽松的金融政策带来了大量的富余资金，促进了金融机构扩大贷款和整个社会的信用膨胀。其结果是产生大量的投机活动，主要的投机活动均为外汇投机、股票投机和土地投机。地价高涨使得土地担保价值猛增，大量过剩资金流向不动产市场和股票市场。金融机构不但向不动产业，也向大量一般企业发放土地担保贷款。

从对不动产贷款风险的影响来看，应该说这项政策为风险的急剧积累和膨胀提供了外部环境条件，尤其是资金条件。如果没有这种政策，地价的上升和不动产贷款的增加就不会如此猛烈。不动产贷款的风险也不会达到极其危险的程度，后果当然也就不会如此严重。

（3）忽视对土地、股票等资产价格的控制

在此周期的扩张阶段，由于批发物价和消费物价水平比较稳定，而传统的日本金融政策是以一般物价水平作为参照的，这种判断成为实行扩张性政策的根据之一，而却忽视了对土地、股票等资产价格的控制。对此，日本政府自身也已经认识到，并且在大藏省的专门报告"资产价格变动的机制及其经济效果"中表示，今后在经济运营方面除物价走势外，与之前相比要更加重视资产价格的走势。实际上，危机后大阪地区的情况可能更具有说服力，1992年后以大阪为中心的关西地区成为日本金融机构破产的重灾区。自1995年的木津信用组合和兵库银行破产以来，相继发生金融机构破产。究其原因，除1995年1月的阪神大地震之外，与此地区经济扩张时期地价过于高涨后又暴跌及此地区金融机构不动产贷款过多有很大关系。

在此轮日本经济周期中，一个很明显的现象就是在一般物价水平保持平稳的同时，资产价格水平的暴涨暴跌。另外，再看其他国家的情况就会发现，这已经成为现代经济周期中的一种普遍现象。美国20世纪八九十年代的经济周期也出现了房地产价格和股票价格的剧烈波动。

（4）不动产贷款控制不力

在对不动产贷款的控制方面，虽然大藏省较早就对银行的不动产贷款采取了行政上的干预措施，例如1986年7月和1987年4月12月，大藏省曾先后三次要求各家金融机构自行控制与不动产有关的融资，同时要求全国银行协会的成员对投机性土地交易采取审慎态度。此外，还加强了与土

第四章　国内外房地产经济波动与金融风险的经验借鉴和实证分析

地有关的交易的专项报告制度。但是总体上看并没有什么成效，原因就在于金融机构通过非银行金融机构进行了大量的绕开行政管理的迂回贷款，银行回避管制的动机与非银行金融机构本身开拓新业务的企图相结合，最终导致大量迂回贷款流向不动产市场。非银行金融机构也因此成为继城市银行和地方银行之后的不动产贷款主力。经济转入收缩后，这些贷款大量成为不良债权，许多金融机构更因此而破产。与此相似的情况是信用组合，在日本1992年后破产的金融机构中，按类别分最多的是信用组合。造成这种情况的一个重要原因就是在经济扩张期，信用组合未被大藏省列入总量控制的对象名单，从而使其在扩张后期有大量资金投入不动产。可以看出日本政府在对不动产贷款控制方面存在很大的疏漏，没有将几种金融机构纳入监管的范围，这无疑是导致严重后果的重要原因之一。如果更进一步说的话，实际上这次危机也是日本金融监管体系和监管范围方面缺陷的一次大暴露。

（5）金融机构在经济扩张时期不动产贷款过多，具有忽视对借款人进行审查的倾向

在微观层面上，在此周期的扩张阶段银行等金融机构的一个重大失误是普遍忽视了对借款人的审查，而将重点放在对地价走势的预测上。据此减少审查成本从而降低不动产贷款的整体成本，而长期以来的地价上涨趋势及当时的盲目乐观情绪使银行作出了倾向于大量增加不动产贷款的决定。对借款人审查的忽视及过多的不动产贷款，使得银行所面临的潜在的不动产贷款风险过高。这样经济转入收缩且地价急速下跌时，过多的借款人风险转为抵押风险，并进而形成不良债权或损失。因此看来金融机构放松对借款人的审查，尤其在经济扩张期，而盲目扩大房地产贷款实在是一种错误的做法。

（二）日本金融危机的宏观经济政策启示

1. 日本对虚拟经济发展的误导

虚拟经济如果发展合理可以促进实体经济的发展；但如果发展不合理，就会诱发不动产和各种金融资产的投机活动，从而导致泡沫经济的发生。在20世纪80年代中后期的日本，虚拟经济的发展可以说是极不正常的。

日本政府在处理虚拟经济与实体经济发展的关系上出现了失误，主要表现在三个方面。

其一，在全球金融自由化的背景下，日本政府在协调国际经济关系与国内经济目标时，采取了过度宽松的金融政策。这种过度宽松的金融政策的主要体现就是长达27个月（1987年2月—1989年5月）的超低利率政策。长期的超低利率使得广义的货币供应量（CDM+2）大大增加，过剩的货币不再存入银行而是投机于地产以求增值。日本很多大企业都拥有不动产，且土地是其中的主要部分，地价上涨使企业经常利润增加，这又进一步导致股价上扬。因此，在泡沫经济的问题上，货币供应量的异常增加确实负有不可推卸的责任。

其二，在货币供应量过快增长的时候，日本政府却忽视了对投资方向的适当调节，使过多的资金未用于促进实体经济的发展，而是涌向了土地和股票市场，使地价、股份成倍上涨，这个教训是值得反思的。

其三，政策的滞后性在一定程度上加重了泡沫的危害性。这是日本政府官员经济教条主义思想的反映。1987年地价最猛烈上涨的时期，社会各界对土地交易实行管制的呼声逐渐高涨，但日本政府并未采取任何措施，而是继续推行扩大内需政策，助长了不动产业的投机心理。直到1990年3月，大藏省才出台了限制对不动产业融资总量的规定。这种迟缓反应反映了大藏省官员的教条观念：土地政策应当以价格管制或交易管制为主要手段，税制或融资管制只是一种辅助手段，银行内部反对对某一特定领域实行强制性的融资管制。虽然由于日元升值造成的萧条、贸易顺差急剧扩大等原因而不得不实行金融缓和措施，但是在没有强烈要求金融机构进行适度的贷款上，是值得反思的。

2.日本物价稳定政策的失误

20世纪80年代后期，日本物价非常稳定，而且经济繁荣。毫无疑问，物价稳定应当作为一国金融政策的核心目标。在经济正常发展时，一般物价水平也基本上客观地反映了经济的景气状况。但市场经济的发展必然会伴随投机行为，在投机盛行的泡沫经济时期，不反映地价、股价等资产价格变动的一般物价水平，则有可能背离经济实况而呈现一种平稳发展的经济假象。在这种状况下，若仍以一般物价稳定作为金融政策的目标，势必会导致政策调控的失误。与此同时，资产价格随着经济发展出现上涨在很大程度上是符合市场经济规律的，故对它是否反常较难作出判断并采取果断措施，这也是日本政府当时只注意了物价稳定而忽视了资产价格不合理的一个重要原因。

3. 日本的经济结构政策不当

经济增长过程中，总量上的物质平衡和资金平衡是不可忽视的，但这不能以丧失结构上的平衡为代价。日本在城市化高速发展时期，对城市基础设施等公共资本投入过少，公共投资比重不断下降，使城市基础设施建设严重滞后，造成有效供给减少，成为制约经济健康发展的瓶颈。同时，日本国内存在储蓄过剩、内需不足的情况，这是典型的结构性问题。在解决结构性问题上，财政政策比金融政策更有效。因为财政政策在其适度的范围内，通常被用于生产性领域。而日本政府过度依赖金融政策，没有采取积极的财政政策进行基础设施建设，从而使得城市基础设施和城市住宅建设相对滞后，导致土地的有效供给不足，不能不说是一大失误。

4. 日本土地税政策的偏差

日本财政当局一直认为土地税制作为土地政策只能是辅助性的手段。但是从日本地产泡沫成因的分析，可以看出日本土地税制存在着许多问题，如对土地保有税和土地转让收益课税的相对比重存在很大的差距，以及课税上的定价和时价的差距很大等。因此，在某种程度上可以说是日本土地税制偏差造成了其土地资产价格远远高于正常水平。

（三）泰国的房地产泡沫与金融危机

泰国的房地产泡沫之所以至今仍旧被人们所津津乐道是因为其与1997—1998年发生的亚洲金融危机关系密切，而泰国又是东南亚各国货币贬值过程倒下的第一块多米诺骨牌。

1. 泰国房地产泡沫的形成

20世纪80年代初期，泰国的经济一直维持4%~6%的低速增长。1987年以后的几年内，经济的增长速度突然加快，出现了两位数的增长率。进入90年代以后，经济增长率虽略有放慢，但仍旧一直维持在8%以上，直到经济危机爆发前的1996年。表面上看，90年代初期泰国的经济表现相当健康：经济持续高增长、经济结构发生有利的改变、人民的生活水平持续改善。然而，在这些表面繁荣的背后，泰国的经济实际上存在着多项隐忧。其一，经济过度依赖于出口。根据世界银行的统计：1980年，泰国的贸易及服务出口额占GPD的比重为24%，而到1995年，这个数字已经跃升到42%。与强劲的出口形成鲜明对比的是，国内需求的增长并没有被带动起来。其二，经常项目贸易赤字严重。在危机爆发之前的几年，泰国的经常项目赤字占GDP的比重在东南亚国家中是比较高的，虽然外商直接投资抵消了其产生的缺口，但实际上使得潜伏的问题积累得更加严重。其三，外资透过离岸金融进入房地产市场。90年代初，由于利率低，在西方国家的银行体系和金融市场中累积了大量的流动性，而此时在以泰国为代表的东南亚国家，利率仍旧相对较高，因此大量的外资流入了泰国。另外，在实行金融自由化之后，泰国本地的金融机构可以方便地借到外币贷款，而这些贷款最终并没有流入实业领域，而是进入了房地产市场。泰国国内投资和信用规模急剧膨胀（如图4-1所示），90年代前期泰国的投资率高达40%以上，在危机爆发前的1995年甚至达到47%，几乎GDP的一半都用于投资，而且，私人部门贷款额占GDP的比重由1992年的64%飞升至1995年的近100%，其中很大一部分并没有用于生产部门，而是大多流向了非贸易部门，如房地产、证券市场等。

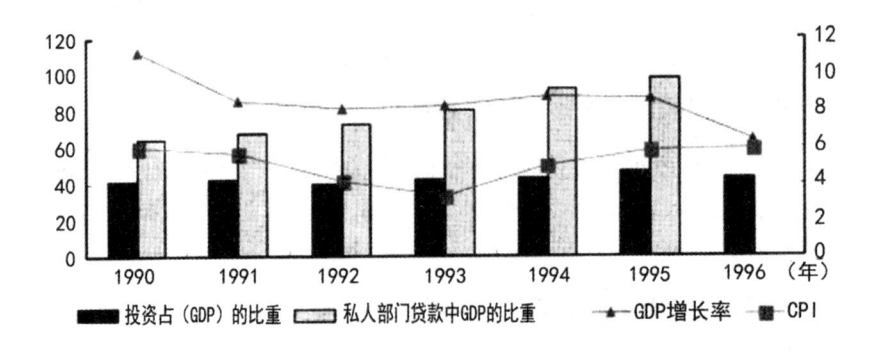

图4-1 1990—1996年泰国投资和私人部门贷款及经济发展情况（%）

数据来源：中国人民银行营业部管理部课题组：《房地产价格与房地产泡沫问题》

在银行信贷的大量扩张下，泰国曼谷等大城市的房地产价格迅速上涨，房地产业的超高利润更是吸引了大量的国际资本，两者相互作用，房地产泡沫迅速膨胀。1989年泰国的住房贷款总额为1 459亿泰铢,到了1996年这个数字超过了7 900亿泰铢,7年时间增加了5倍之多。与此同时,房地产价格也迅速上升。自1988—1997年金融危机爆发的10年间,泰国的土地价格一直快速上升。1988—1992年,地价以平均每年10%~30%的速度上涨,而1992—1997年7月,土地价格的上涨更是高达每年40%,某些地方的地价一年竟然上涨了14倍之多。1997年,泰国的新增空置住宅85万套,仅首都曼谷就有35万套空置新房,空置率已经高达21%。在过度扩张的银行信贷推动下的房地产业不可避免地积聚了大量的泡沫。①

学术界普遍认为,在金融自由化背景下,对房地产行业的过度贷款是当年泰国房地产泡沫形成的主要原因。数据显示,从1990年开始,泰国的房地产开发贷款和住房贷款以20%~30%的速度高速增长,危机发生前,这两项贷款分别相当于1989的5.4倍和7.5倍。过度借贷与缺乏监管的金融体系是密切相关的。

金融危机发生之前,泰国的金融业已经完成了自由化的过程,国内的大银行大多控制在家族财团手中。泰国政府为了将曼谷发展成区域金融中心,更是将国内银行业对外开放。因此,在缺乏严格监管的情况下,泰国银行业已经开始利用离岸金融市场对外融资,更要命的是这些外币贷款并未进行汇率对冲,这就导致亚洲金融危机之后,泰国银行业的崩溃。

在国内的房地产金融方面,总体上也存在着过度的竞争而缺少有效的监管:商业银行、财务公司、保险公司、信贷公司等各种各样的金融机构,以不同的方式便利地获得资金并投入房地产市场。其中,财务公司的负面作用尤其巨大。由于监管过松,这些机构被允许通过发行高利率的票据和从国内和国外的银行借贷的方式获取资金并用于发放贷款。1997年初,总共91家财务公司,到年底其中56家被停业,而这又使得那些依赖财务公司进行流动资金贷款的本地企业也陷入财务困境。

2.泰国房地产泡沫的崩溃

泡沫经济给泰国老百姓带来了一段短暂的虚幻幸福时光,但是好景不长,亚洲金融危机的到来结束了金融资产泡沫。过度投机及金融机构的过

---

① 中国人民银行营业部管理部课题组.房地产价格与房地产泡沫问题[M].北京:中国社会科学出版社,2007.

度借贷使得泰国房地产泡沫已经积聚到了相当危险的程度，但以下的两个因素的变化最终引发了泡沫的破灭。

首先是利率的上升，从 1994 年底开始，四大商业银行的贷款利率从 14% 提高到危机发生之前的 16%，而在危机发生之后的半年内又快速上升到 19.375%。利率的上升提高了投机者的资金成本，也加剧了开发商的资金压力。1997 年 2 月 5 日，一家大地产发展商 Somprasong Land 未能支付一笔 3 100 万美元的可转债的利息，成为泰国第一家未能及时偿还债务的发展商。在其后的几个月内，又有多家地产商相继未能偿还到期债务，从而加速了银行催债的过程。

其次，外资的撤退也加剧了泡沫的破灭，而促使外资作出这个决定的原因还在于泰国经济的衰退。1996 年 1 月，泰国的贸易及服务出口额的同比增长速度由上年的将近 20% 的增长突然转为负增长，引发了外资的担忧。1997 年初，当上年糟糕的经济数据被披露之后，最终坚定了对冲基金攻击泰铢的决心。在 1997 年金融危机的冲击下，很多国际投资基金已经着手撤出泰国，这对泰国的汇率造成了巨大的压力，中央银行曾在 1997 年 5 月进行过"泰铢保卫战"，但最终不得不放弃固定汇率制度，实行"有管理的浮动汇率制度"，导致汇市和股市的超幅下跌。1997 年 7 月 2 日，泰国政府被迫放弃对汇率的维护，成为亚洲金融危机爆发的开始。到 1998 年 1 月，泰铢相对美元的汇率大约贬值了 50%。

在金融风暴中，开始的三个月内，曼谷地价下跌了 10%，在 1998 年初，房地产交易市场继续恶化，许多地区的房价下跌了 30%~50%。不良贷款问题越来越严重，很多房地产公司宣告破产。房地产需求急剧下降，特别是办公楼的需求下降更为严重。大量办公楼难以出售，许多施工过程中的办公楼不得不停下来，成为"烂尾楼"。泰国在 1998 年的房地产销售额仅仅只有 1997 年同期的一半，全年的房地产销售额创下了 20 年来的最低点。[1]从 1995 年底，泰国的股市开始出现下跌的熊市，到 1997 年 4 月股市已经下降了 70%，其中房地产类股票累积跌幅高达 85%，银行和金融机构类股票累计跌幅也高达 80%。股票市场、房地产市场的泡沫瞬间崩溃了。

---

[1] 孙建. 金融危机与国家安全 [M]. 北京：经济科学出版社，1999.

（四）泰国房地产泡沫与金融危机的启示

1. 虚拟经济与实体经济关系处理失当

泰国地产泡沫的产生实质上就是虚拟经济的过快膨胀超过了实体经济的支持而产生的。泰国政府追求经济增长速度，却忽视了对投资的引导。资金没有进入实体经济部门，如工业、农业、能源、交通等，而是进入了股市和房地产。缺乏对高科技产业的支持，阻碍了产业结构的调整和产业结构的提升，使得国际竞争力下降。房地产业的投资规模与整个国民经济发展速度和状况不相适应，与市场需求不相适应，导致房地产供过于求，最终形成大量的银行呆账、坏账。

2. 引进外资的规模和利用失控

进入20世纪90年代以后，泰国大量举借外债，从1992年的200亿美元增加到1996年的900亿美元和1997年的934.2亿美元，其中短期债务占36%。这部分短期资金中相当大的一部分被用于短线投资，如房地产投资、股市。这种外债期限结构和资金流向上的引导和监管不力成为引发地产泡沫的原因之一。

3. 资本市场开放的配套措施缺失

泰国在没有自由利率形成机制，国内外金融条件相差较大，缺乏健全的金融监管的条件下，全面开放资本市场。房地产金融市场也全面开放。市场开放程度与其金融、经济的发展状况很不适应，势必为游资投机房地产、股市留下漏洞。

4. 金融体系的缺陷与脆弱性

泰国政府为金融机构兜底，充当了银行或其他金融机构的担保人。从而使得这些银行或金融机构的投资建立在无风险决策的基础上，金融机构对房地产业的投资过度膨胀，最后因房地产价格下跌，投资无法收回而产生了巨额的呆账、坏账。同时，政府还干预金融机构，政府官员指派银行为企业放贷，使得银行风险暴露加大。银行资本充足率低，对呆账、坏账准备金重视不够，抵御风险的能力差。

二、我国房地产经济波动与金融风险实证分析

（一）香港的房地产泡沫

1985年，香港房地产业开始复苏，此后房价一路上涨，到1997年房价则上升了近10倍，并且在1997年到达顶点后，泡沫开始破灭，楼价一路下跌，至2003年年中香港楼价已下跌70%左右，导致大量负资产——持有物业的市场价值已经跌至按揭金额以下——人士产生，给香港经济带来严重的负面影响。这一轮周期性上涨历时13年，下跌过程达6年，至2003年底才慢慢有复苏的迹象。

1. 香港房地产泡沫的形成

香港能够开发利用的土地不到总面积的30%，所以香港特别行政区政府一直非常谨慎地沿用较为严格的土地供应政策。20世纪80年代以来，曾经不断上扬的地产改变了香港人的投资和消费习惯，有不少人倾其所有投资在房地产上。在城市化过程中，政府不断建设新市镇的一系列政策（如公共设施完善等），直接推动房地产市场走强。香港特别行政区政府每年财政预算的30%左右来自土地拍卖，政府从地税和印花税上获得的收益经常在财政收入中占据重要的比例；同时香港的大地产开发商又是上市公司，从这些公司的股票交易中政府又可间接得利。另外，曾经火爆了十几年的房地产不仅制造了像数家香港巨型家族企业财团，而且也催生了一个庞大的产业队伍。香港700多万人口中，高峰时期，几乎有接近一成人在从事着房地产业从调研到建筑到销售等一系列工作。

20世纪90年代以来，香港经济经历了制造业带来的长期高速发展，香港经济持续发展，对房地产市场的需求也大量增加，房地产的价格上涨也非常迅速。从1991—1997年，香港房价上升4倍。相比1985年，1997年房价升幅更高达9~10倍，严重脱离居民购买力，而整个房地产业信贷规模占香港总贷款规模始终在20%左右。1997年4月，香港的炒楼更是达到高潮，当月送交土地注册处登记的楼宇买卖合同高达25 572宗，比上年同期的9 606宗增加了将近两倍，比上月16 124宗也增加了五成多。房地产市场上的投资者数量急剧增加，市场投机炒作泡沫非常大。在这背后，银行贷款大量增加起到了推波助澜的作用，房地产贷款占总贷款的比重持续

上升，由1993年的38%增至1997年的45%，其中开发类投资占比由15%上升至20%，购房类占比由23%上升至25%。1996年第四季度，香港银行业放松了住房按揭贷款的审查标准，直接促使大量炒楼力量进入房地产市场，使得本来就已经非常高的楼市价格再度暴涨。①

造成香港房地产泡沫破裂的原因很多，但主要有三点。一是经济结构中房地产比重长期太大、依赖性太强。香港地域狭小、寸土寸金，"需求拉动"香港房地产长期在经济中"独占鳌头"，与制造业和金融服务业"三足鼎立"。到1997年时，房地产及相关行业的增加值占香港GDP的比重已超过四成，整个经济活动几乎都围绕着房地产业而转。财政收入则长期依靠土地批租收入及其他房地产相关税收。房地产投资长期占固定资产总投资的三分之二。房地产股历来是第一大股占港股总市值三分之一，股票和房地产价格"互相拉扯，荣辱与共"。房地产和银行业也互相依赖，房地产开发商和居民住宅按揭始终占银行贷款总额的30%以上。二是长期采取高地价政策，造成地价和房价长期上涨太快。1984—1997年香港房价年平均增长超过20%，其中1990—1994年"豪宅"价格猛涨了6倍，甲级办公楼价格猛涨2.5倍，沙田等非市中心的中档楼盘价格猛涨近3倍。房价中位线长期是居民收入中位线的8倍以上。房价大幅度上涨后，居民还贷压力巨大，很多居民从每月收入40%用于还贷上升到60%甚至80%。20世纪90年代初期，香港中环、湾仔、尖沙咀等中心区域每平方米房价已经高达十几万港元，元朗、屯门等新镇地区每平方米房价也要3万~4万港元，而大部分居民年薪却只有十几万甚至不到10万港元。三是房价上涨太快形成巨大的"财富效应"，炒楼成风。房价上涨太快之时必是炒楼成风之日，炒楼越烈也就说明离泡沫崩溃不远了。由于地少人多资本集中，香港房地产投资回报率长期比世界其他主要城市高2~3倍。在房价狂涨的时候短期炒作更加有利可图，转手之间就可以赚20万、50万港元。

2. 香港房地产泡沫的破灭

1997年金融风暴席卷香港，资产价格大幅下跌，本地生产总值下降，失业率上升。尽管香港经济基本因素维持稳健，但上述形势正为炒家营造

---

① 中国人民银行营业部管理部课题组. 房地产价格与房地产泡沫问题[M]. 北京：中国社会科学出版社，2007.

了发动攻击的有利条件。1998年夏天，香港的货币和金融市场果然受到严重的投机冲击，金融体系的健全受到威胁。到1998年8月，特区政府毅然在股票和期货市场上进行干预，击退了炒家。在这次入市行动中，特区政府购入以当时市值计约150亿美元的香港股票。到1999年9月，该批股票值已升值至260亿美元，也保住了港元的联系汇率制度，但是，香港投资者却蒙受了巨大的经济损失——户均损失达到250万元港币。许多家庭因此破产，万劫不复。

（二）海南的房地产泡沫

1. 海南房地产泡沫的形成

1988年海南建省，当地政府为了经济发展，向中央要政策，主要是特殊的进出口政策、开放股市和房地产开发政策。当中央在进口政策上松口后，海南马上就大批进口汽车并转运到内地销售。当海关部门把这种经营当作"走私"处理后，断了海南快速发财的一条捷径。海南要求开放股票市场，但是当时的现实情况是，我国已经在上海和深圳建立了两个股票市场，由于专业人才缺乏、股民素质不高，很容易形成泡沫，中央的监管较难，没有批准。"走私"和股市两条路被否，想快速致富只有开发房地产了。于是在20世纪80年代海南的房地产投机活动开始了。[①]

海南成为全国各地投资者、投机者的乐园，到20世纪90年代初达到高潮。这些进入海南的投资者，不仅包括众多的国有企业、集体企业、私营企业、合资企业和个体经营者，还包括各地的党政机关、企事业单位、社会团体、金融机构等，甚至部队、公检法系统都不同程度地参与了炒作和经营，形成错综复杂的投资主体和投资关系。仅仅只有一年的时间，1991年6月前还是1 000多元一平方米的公寓楼，到1992年6月已可卖到两三千元一平方米了，别墅也由2 000多元涨到了五六千元一平方米，金贸区内的珠江广场、世界贸易中心的商品房价格更是曾一度突破1万元。与此相呼应的是，土地使用权的出让价格也大幅提高，有的地方仅过一年价格竟由十几万元一亩涨到600多万元一亩。在海口和三亚等有限的区域内，房地产的价格几乎是打着滚往上翻，只要是持有与房地产沾边的文件，

---

① 徐滇庆. 房价与泡沫经济 [M]. 北京：机械工业出版社, 2006.

第四章 国内外房地产经济波动与金融风险的经验借鉴和实证分析

哪怕还没见着具体的土地和图纸,隔不隔夜都可发财。在巨大利润的吸引下,不到60万人的小小海口,集中了全国各地的房地产公司,海口市的经济以惊人的速度发展,破天荒的高达83%多,连续两年的财政收入都比上年翻了一番,而在财政收入总额中房地产的收入又占70%。

据统计,1992年1—9月,商品房新开工面积294万平方米,超过海南建省办特区三年多来住宅施工面积的总和,比1991年同比增长1倍多,商品房销售额76 449万元,是1991年的近4倍,在短短的一年多的时间里,有4 000多家房地产公司投资了58亿元资金,在海口市的有限范围内开发房地产面积达800万平方米。另据统计,在1992年和1993年里,投资海南房地产业开发的资金占社会固定投资的三分之一强,海口市房地产业的投资更是差不多占了当年固定资产投入的一半,国内外的投资高达87亿多元。房地产业成为地方财政收入的主要来源,1992年海南全省财政收入的40%是直接或间接地由房地产而来,而在海口市则更是高达60%以上,这些为海口市的基础建设奠定了基础,并由此带动了商业、服务业、建筑业等产业的发展。

2. 海南房地产泡沫的破灭

房地产价格持续上涨,很少有人意识到,真正买来用于居住和商务活动的只有30%左右,而70%是投机者囤积起来进行炒作的。而且炒房地产尤其是炒楼花的投机活动更是达到了疯狂的地步,预售的房子还在图纸上,就已经被炒来炒去,几易其主。由于70%的买卖都不是作为最终消费的房地产交易,于是最后也便有了与一场击鼓传花的游戏一样的结局,当鼓声戛然而止,价格一个劲儿地往上蹿的房地产忽然间由抢手货变成烫手的山芋。1993年下半年,随着国家加强对宏观经济调控的力度,海南的房地产热突然来了个大刹车,大量资金沉淀了,一大批被套牢的人和企业叫苦不迭,悔之不及。

然而过度的投机给海南的金融业造成了几乎致命的打击。随着海南发展银行的倒闭,十几家信托投资公司消失,数百亿不良资产烂在银行手中。海南经济从此背上了沉重的历史包袱。房地产泡沫给海南的遗产是数目不详的金融不良资产。据统计,海南建省10年间累计销售商品房974.1万平方米,空置的现房为703.4万平方米。商品房的空置导致资金大量沉淀,约计365.71亿元人民币。其中，空置商品房703.4万平方米，按建造综合成本2 570元/平方米计算，沉淀资金180.77亿元；停建1 135万平方米，沉淀资金140.05亿元；报建未开工703.8万平方米，前期准备工作已耗用资金34.89亿元。加上为圈地置地而支付的转让金、定金等沉淀资金约计140亿元，则海南省沉淀在房地产中的资金约为505.71亿元。沉淀的资金绝大部分是金融机构的信贷资金。[①]

20世纪90年代初，占全国人口6%的海南岛积压商品房却占到了全国的10%。到1998年底，全省已建成未销售的商品房703万平方米。在非农业建设用地中，项目未竣工但投资超过25%的用地16.129平方千米，投资不足25%的闲置土地18.834平方千米。

（三）北海的房地产泡沫

1992年，北海市抓住邓小平南方谈话的机遇，借助自身的地理位置和资源的双重优势，采取"土地成片批租、成片开发"的发展战略，实行"低门槛"政策，期望能在经济上得到迅速增长。将依靠炒作房地产作为城市发展的一种模式。"低门槛"政策的实施，使得全国各地的资金纷纷涌入北海，圈地造房，整个北海成了一个名副其实的大工地。但是，真正兴办实业的寥寥无几，真正的投资者逐步撤出。

1992年北海成为全国热点投资城市，全国30个省（市、自治区），8个国家和地区的投资者涌进北海进行投资，用地数量直线上升。1992—1994年，北海批租土地面积为67.75平方公里，相当于原城区面积的5倍。由于投资能力有限，这些已批租土地绝大部分没有开发，至1995年底，北海全部批租土地中只有16.74平方公里土地已经动工建设，未开发土地面积达51平方公里，占批租土地总量的75%。据估计，这些土地至少需要20年才能开发完毕。

同时，北海市越权乱批土地现象严重。据统计，越权批地10宗，面积588.6万平方米；越权修订国有土地使用权出让合同12宗，面积1 900万平方米以上，其中7宗面积在133万平方米以上，超过国务院批准权限。此外，北海市先后兴办10个开发区，总面积3 000多万平方米，除2个经自治区

---

① 丰雷，朱勇，谢经荣.中国地产泡沫实证研究[J].管理世界，2002（10）：57-64；75-156.

和国务院批准外,其余 8 个开发区总面积 15.44 平方公里,未按规定报经批准。其中,新世纪高科技开发区占用耕地达 100 多万平方米,严重越权,违反了国务院规定。

由于北海市政府采取了"低门槛"政策,土地出让价最高为每亩 9.7 万元。成片大面积出让,允许购地者再转让,即允许炒地。土地投机十分盛行。1992 年 4 月地价开始暴涨,半年间地价上涨近 20 倍,最高地价达到每亩 120 万元,出现了典型的地产泡沫现象,如 1992 年 9 月,香港宏昌公司在北海经市计委批准立项,获得 80 亩土地使用权,协议地价每亩 10 万元。土地使用权手续尚未办好,该公司就以每亩 20 万元的价格转给美国平亚公司,美国平亚公司又立即转手给澳门金业公司,后者又转给了北海市建联公司。短短 13 天,换手三次,而地价由最初的每亩 10 万元暴涨至 54.2 万元,总地价由 800 万元上涨到 4 336 万元。三家外资公司炒地皮共赚 3 536 万元,扣除支出,三家公司投机所得依次为 800 万元、1 300 万元和 1 400 万元。由于对北海发展前景预期过高,而房地产二级市场发育严重不足,导致房地产价格被不切实际地炒高,累积了巨大的风险。1992 年商品房价格最高曾达到 5 000 元/平方米,1998 年最低跌到 750 元/平方米。而 2004 年商品房价格才回升到 1400 元/平方米。1994 年,国家宏观调控使房地产泡沫迅速破裂,留下闲置土地约 21.71 平方千米,空置商品房 107 万平方米。留下 136 个"烂尾楼",总建筑面积高达 123.8 万平方米。直接沉淀的资金额达到 200 亿元,其中商业银行信贷资金达到 160 亿元,占 80%,信贷资金难以收回。各金融机构陷入生存危机之中。据统计,1992 年后北海市金融机构房地产贷款 27.4 亿元,到 1999 年底,贷款余额为 24.64 亿元,房地产公司拖欠利息 19.16 亿元,形成不良资产 43.21 亿元。

(四)经验教训

第一,金融支持过度。香港的经验教训表明,房地产泡沫往往产生于经济快速增长、通货膨胀阶段,而且同金融、税收、外汇政策的过于宽松有关;而房地产泡沫破灭却与金融、税收、外汇政策的突然、长期收紧或股市、经济增长的突然跌落相关。对于房地产泡沫,既不要推波助澜,也不要猛然地挤压以导致其破裂。对于房价快速上涨,温和地挤压、逐步地收敛才是明智之举。

第二，监管部门监管不力。海南、北海没有很好地利用国家优惠政策，把房地产市场开发搞成投机者冒险的乐园，进入海南的投资者，不仅包括众多的国有企业、集体企业、私营企业、合资企业和个体经营者，还包括各地的党政机关、企事业单位、社会团体、金融机构等，甚至部队、公检法系统都不同程度地参与了炒作和经营，形成错综复杂的投资主体和投资关系。这足以反映监管部门的缺失。

第三，投资者过度投机。海南地产泡沫鼎盛时期，真正买来用于居住和商务活动的只有30%左右，而70%是投机者囤积起来进行炒作的。而且炒房地产尤其是炒楼花的投机活动更是达到了疯狂的地步，预售的房子还在图纸上，就已经被炒来炒去，几易其主。

第四，土地交易制度不完善。由于北海市政府采取了"低门槛"政策，土地出让价极低，成片大面积出让，允许购地者再转让，即允许炒地，土地投机盛行。

第五章　经济新常态下推动房地产经济可持续发展的策略及房地产经济发展趋势分析

新常态下我国房地产经济与过去相比，已经发生了很大的变化，房地产市场风险已经显现，我国房地产经济可持续发展策略需要调整，既要着眼于长远，又要立足于当前，逐步完善调控目标与方式，才能适应新常态、把握新常态、引领新常态，这也是新常态下我国房地产经济平稳健康持续发展的大逻辑。因此，基于我国房地产经济发展的现状、问题及影响因素，在借鉴国内外房地产经济波动与金融风险的经验的基础上，本章将针对性地提出相关对策建议，以促进房地产业组织优化，实现房地产经济健康发展，并预测了我国房地产经济的未来发展趋势，有效促进我国房地产经济的发展和进步。

一、经济新常态下推动房地产经济可持续发展的策略

（一）有效竞争：我国房地产产业组织优化的目标

作为市场机制的内在核心要求，自由竞争是目前最为有效的一种资源配置方式，通过"优胜劣汰"的方式，有效促进了资源的合理分配和流动；而规模经济则是指随着企业生产规模的扩大，其生产专业化、作业标准化、工艺先进化、采购规模化等方面会实现显著的提升，在改善产品质量的同时会明显降低产品和服务的生产成本，有利于资源的集约、高效利用，极大提升了资源的配置效率。从这方面来看，自由竞争和规模经济并不总是相互矛盾的，而是存在共通之处的，自由竞争本质上追求的是市场上资源

合理流动和效率提升，而规模经济则是在企业内部实现资源配置效率的有效途径，在这种情况下，有效竞争则致力于将市场的资源配置功能与企业追求资源配置效率的途径有机结合，实现竞争活力与规模经济的兼容，促进产业经济的健康发展。

我国房地产业是国民经济的重要支柱性产业，具有极强的产业关联特征，直接影响20余个产业，间接带动上下游60余个相关产业的发展，其中涉及上游产业包括设计咨询、地质勘查、钢铁、建材、化工、机械、银行、工程承包等，下游产业则包括家居装修、家电制造、木制品行业、中介服务、商贸行业等方面，这就使房地产行业具有较强的规模经济与范围经济性。首先，大型房地产企业往往具备资本优势，也更易获得信贷支持，其融资成本相对较低。其次，由于房地产企业是一种资源整合型企业，其经营管理涉及投资、开发、施工、监理、销售、中介咨询、信贷服务等多个复杂环节，需要专业人才支持，企业只有具备较大规模，才能摊薄人力成本。最后，大型企业还可以实现分散投资、品牌经营，有利于降低经营风险，提供标准化产品和服务，显著提升资源配置效率。而在市场竞争方面，中国房地产业一方面存在整体市场集中度偏低这一问题，行业内小型企业众多，不利于资源高效利用；另一方面也存在着行政性垄断和区域性垄断的问题，资源流动受到一定约束，房地产企业间也存在合谋、操纵价格等垄断行为，不利于行业竞争。因此，考虑到我国房地产业对规模经济和竞争活力的内在需求，有效竞争是其最适宜的产业组织优化目标，也是提升我国房地产业资源配置效率的关键。

（二）我国房地产业有效竞争的目标模式

首先，从市场结构方面来看，我国房地产业的有效竞争应实现规模经济与适度竞争相协调，属于垄断竞争或寡头垄断的市场结构。事实上，在发达市场经济国家中，大部分成熟产业的市场结构都属于以上两种，虽然垄断竞争与寡头垄断市场中垄断与竞争的相对力量存在差异，具体表现为进入壁垒、产品差异化、市场行为及绩效的区别，但他们具有一个共同特征，那就是能够实现规模经济与竞争活力相兼容。这类市场应由为数不多的大型企业集团组成，其产品存在差别，市场集中度相对高一些，大型企业发

第五章 经济新常态下推动房地产经济可持续发展的策略及房地产经济发展趋势分析

挥引领带头作用，占据较大市场份额，小型企业则主要从事外围服务或者补充市场缺口。在进入壁垒方面，除规模经济的客观需求外，应适当放宽行政约束，降低进入门槛，对不同所有制企业一视同仁，营造公平竞争环境，如此才能使市场焕发活力，为消费者提供多元化、个性化的房地产商品，消费者也能选择到更加适合自身需求的产品和服务。

其次，从市场行为方面来看，我国房地产业的有效竞争应在政府相关政策的规制下，实现房地产企业间竞争与协调的有机结合。房地产业涉及国计民生，其价格应避免大起大落，因此在价格竞争行为方面应避免过度恶性竞争，企业应根据市场供求状况科学制定价格；另外也要避免合谋抬高房价的垄断行为，维护公平合理的市场秩序。在非价格竞争方面，企业应在技术革新、产品差异化、品牌建设、售后服务、广告宣传等方面展开较量，不能采用不正当手段对竞争对手和新进入的企业进行恶意攻击。房地产企业是资源整合型的企业，应加强新技术的运用和新业务的开展，从技术进步和产业升级的角度提升自身竞争力，改进产业链管理机制，完善生产销售网络，降低成本，提升资源配置效率。政府对房地产业的相关政策应充分考虑多方利益，体现公平公正，除对不正当竞争行为进行管制外，一般不介入企业正常的竞争性业务，企业的市场行为应更多的由市场规则和法律制度来约束。

最后，从市场绩效来看，我国房地产市场的竞争活力应能够保证市场机制对资源的有效配置。在房地产市场中，市场竞争机制应充分发挥作用，使不同规模的房地产企业都能够运用自身特有优势，获取合理利润，同时适度竞争应使房地产企业基本都能达到最小有效规模的要求，以节约交易费用，实现规模经济，实现较高的资源配置效率。考虑到中国幅员辽阔，各地发展水平存在一定差异，房地产业也存在这一问题，应尽可能促进地区间生产要素的自由流动，减少不合理的区域性政策，同时应促进技术创新，尤其要加大对中西部地区房地产企业的支持力度，全面提升房地产企业的全要素生产率，以缩小房地产业的地区发展差距，最终实现均衡发展。另外，从社会福利的角度来看，应平衡房地产市场的供求关系，将房地产价格稳定在一个合理的水平上，使社会公众的基本需求得以满足，同时房地产企业应保持创新活力，丰富业务种类和产品类型，满足多元化的市场需求。

（三）新常态下我国房地产市场的调控思路

新常态下，我国城市房地产市场调控的基本思路建议做适时适度调整：实施定向调控、相机调控、精准调控，正确处理短期调控与长效调控的关系。

坚持短期调控与长效调控相结合，重点加强房地产市场的长效调控；由过去的"稳经济增长与控住房价格"调整为"以防范房地产价格泡沫为主，坚决守住不发生系统性金融风险的底线"；在"分类调控、因城施策"的原则下，中央层面加强供给侧和需求侧调控相结合，重点加强需求侧调控，而地方政府应以加强房地产供给侧管理为主。

一是我国已经进入新常态阶段，房地产开发投资高速增长时期已结束，中长期房地产开发投资逐步进入低增长或者负增长阶段，房地产开发投资对经济增长的直接贡献将大幅下降，已经远远低于新常态前的10%贡献率，房地产作为拉动经济增长的政策工具基础已经发生变化。同时，城镇居民住房短缺已经基本解决，住房需求总量不再增长，房价泡沫破灭的风险逐步上升。从国外房地产泡沫现象来看，如美国、日本等发生过房地产泡沫危机的国家，泡沫破灭均发生在住房短缺问题解决后，经济增长速度放缓且人口红利结构消失，住房真实需求增量增长乏力，从而吸收消化房价泡沫能力不足。由于人口结构变化、经济增速等原因，我国中长期住房需求将逐步减小，防范房地产风险应放在关键位置。

二是中央政府应实施需求调控（短期）和供给（长期）相结合，重点是短期的需求调控，市场供给端的管理应该由地方政府主导，实施供给管理的核心是供给结构的平衡问题，地方政府对于供给管理具有决策权。因为作为短期需求调控的主要手段——税收和信贷政策，政策的制定职能都在中央，而地方暂时无权进行调整，而且资金具有流动性、逐利性，需求调控也应从总需求管理入手，由中央政府出台同一政策进行管理。从国外历次房地产调控的历程来看，如日本、韩国，均由中央政府主导进行。如果市场需求调控责任由地方政府承担，新常态下地方政府采用各种限制性手段，扭曲市场信号，造成市场寻租行为泛滥，调控效果不理想。房地产供给端应该以地方政府为主导，并且不同城市的资源禀赋不同、发展阶段和城市化水平不同，应该有本地区的住房供应体系。

第五章　经济新常态下推动房地产经济可持续发展的策略及房地产经济发展趋势分析

（四）经济新常态下我国房地产经济可持续发展的策略

1.理顺供求关系，提升社会福利

（1）合理引导房地产市场的消费需求

目前我国的房地产价格居高不下，供求矛盾较为突出，随着城镇化进程的不断加深，未来一段时间内房地产商品的市场需求将继续上升，在这种情况下，急需对市场需求加以管理。首先，应大力保障房地产的自住刚性需求。目前城市中存在大量具有一定经济基础而尚未购房的潜在消费群体，他们对住宅房地产具有较强的刚性需求，这类市场需求最易转化为有效需求。无论是考虑到经济发展还是考虑到社会福利，政府都应该尽全力采取措施保障这类消费群体的合理购房需求，如适当降低相关税收、下调首付比例和提供消费信贷支持等。其次，应积极引导改善性购房需求。随着经济不断发展，国民收入近年来明显提升，城市居民改善住房条件的需求逐步显现，这类需求的主体是那些已拥有一套住房，但人均居住面积较小的家庭。对于此类改善性需求，政府应予以支持并合理引导，如对房产置换给予信用担保、税费优惠等，适当降低其房产置换的交易费用，以促进房地产市场健康发展。最后，应从严控制日益高涨的投资和投机需求。对于投资性购房需求，在当前房价高企的大背景下，应采取强力措施予以管制，如开征房产税，提高二套房贷款利率和首付比例，以及最严格的限售、限购政策。对于短期内交易频繁的投机需求，由于其极大破坏了正常的房地产市场秩序，应该采取措施予以严厉打击，如对房地产的短期交易行为开征高额营业税、严格禁止期房转让等。

（2）加快调整房地产市场的供给结构

当前房地产市场的供求矛盾无法单纯依靠需求管理来解决，更应该在供给侧调整房地产商品的供给结构，以实现基本的供求平衡。由于房地产商品的供给在很多情况下受到土地资源的约束，因此若要调整房地产商品的市场供给，首先应该调整土地供给，而土地供给则同城市结构息息相关。中国城市的空间布局多属单中心结构，即各类资源在中心城区聚集，居民也都喜欢在城市中心居住和生活，而在寸土寸金的城市中心，其土地资源无疑极为稀缺，此时若要增加土地供给，必须优化城市结构，即将目前的单中心结构变为多中心结构，把原城市中心的功能分解出去，加强新区的公共设施和商业配套的建设力度，有效疏导人口的同时解决了原来土地资源短缺的问题，使房地产供给显著增加。其次在房地产开发的过程中，还应调节不同类型产品的供给结构，以缓解结构性供求矛盾。中国许多城市房地产市场大多存在着经济型商品房供不应求、高端商品房供给过剩的结构性不平衡问题，为解决这一问题，政府应从源头着手，科学合理地制定土地规划，土地供给适当向经济型商品房倾斜，减少高端商品房的土地供给，在户型结构上应鼓励支持中小户型的房地产开发，对大户型的高端豪宅实施严格的总量控制。另外，还应大力建设社会保障住房，以保障广大中低收入群体的居住需求，提升全社会福利水平。当前我国社会保障住房总量仍显不足，尚不能完全满足中低收入群体的客观需要，因此在房价节节攀升的情况下，应逐步加大社会保障房的建设力度。社会保障房建设应充分考虑不同阶层的特殊需求，实现保障房供给方式的多元化，如面向最低收入群体的廉租房、面向较低收入群体的公共租赁房和面向中低收入群体的经济适用房等。

2.优化市场结构，加强资源整合

（1）加快房地产业内部整合、改善资产结构

现阶段我国房地产业企业数量众多，但企业规模普遍偏小，客观上形成"小、散、乱"的房地产市场，急需通过行业内资产整合来改变这种局面。对房地产企业而言，其自身要苦练内功，加强运营管理，要建立企业战略规划，减少短期投机行为，彻底改变过去那种"圈地淘金"式的陈旧经营理念，而应该在产品质量、品牌特色、售后服务等方面提升企业的核心竞争力。对政府而言，应该加强市场引导，鼓励那些诚信经营、实力较强的房地产企业建立大型的房地产集团，推动市场适度集中。具体可采用两种方法，第一种是横向联合，鼓励房地产企业并购重组，以规模化、标准化生产的方式降低产品的平均成本，节省相应的配套设施费用，实现规模经济并提升市场集中度；第二种是纵向扩张，支持房地产企业向产业链上下游拓展业务渠道，即将房地产商品的设计、生产及后续的物业服务等方面也纳入进来，实现全产业链经营，对于市场口碑良好的优质企业，可以授权其开展特色经营，推动房地产业的全方位创新。

考虑到房地产业的资金密集性，可以借鉴国外经验，在强化政府监管

第五章　经济新常态下推动房地产经济可持续发展的策略及房地产经济发展趋势分析

的前提下，尝试允许部分优质房地产企业开展一定规模的房地产金融业务，如房地产及财产保险、房地产金融保险、房地产抵押贷款等，实现房地产金融市场的创新性突破。结合上述两种方法，通过资源整合和结构调整，大型房地产企业集团将在成本控制和产品服务创新方面更具优势，这对于中国房地产业的市场结构优化具有较强的指导借鉴意义[①]。

（2）完善市场准入机制，加强行业监管

在供给侧改革的大背景下，我国房地产业急需转型升级，由过去单纯追求数量的粗放式发展转向追求品质、特色的精细化发展，这就需要进一步加强行业监管，完善房地产市场准入机制，从资金、技术和管理等多个方面综合考察房地产企业，限制那些既无资金、又无技术实力、管理也不规范的企业进入房地产市场，从根源上采取措施优化市场结构。首先，为规范房地产市场，我国建立实施了房地产企业资质管理制度，但在2015年5月，住建部取消了限制房地产企业注册资本金的相关条款，这虽然体现了市场化改革的精神，但客观上也为一些自有资金不足、主要依靠金融杠杆支持的企业进入市场放宽了条件，在一定程度上不利于房地产金融风险的控制。事实上，在中国当前供给侧改革的过程中，去杠杆已经成为房地产业面临的重要任务，政府应该重新思考对房地产企业的资金限制，修正相关市场准入条款，避免那些资金不足、实力不强的企业"打游击"式地进入市场。其次，政府在进行企业资质评估时，应强化对企业历史经营业绩的考核，给予那些历史业绩优良、实力雄厚的企业较高的经营资质，对违规经营、市场口碑不良的企业则坚决给予差评，如此才能真正做到优胜劣汰，使市场份额向少数优秀的房地产企业集中，提升资源配置效率。最后，市场准入机制的完善不能一蹴而就，还应该加强日常管理，做好企业资质的年检工作，要结合实际不断调整企业资质指标体系，优化企业年检流程，坚决防止企业资质年检形式化，应本着"能上能下"的基本原则，对业绩不良、市场口碑较差的企业予以降级处理，实现市场结构的优化。

（3）改进土地出让制度，减少行政垄断

房地产业的迅速发展使中国土地市场规模也在不断壮大，但由于土地

[①] 王志刚，徐传谌. 现阶段中国房地产业市场结构优化研究——基于市场集中度的实证分析[J]. 工业技术经济，2019（01）：125-132.

产权的复杂性，我国土地出让制度还存在一些不足，正是由于土地出让制度的不完善，一些不法者运用诸多非市场化手段获取并囤积土地，以获取巨额利润。这种不规范的操作方式，在一定程度上加剧了土地市场的行政垄断，部分实力不强但背景复杂的房地产企业能够绕过市场壁垒，获取土地开发权，进而导致房地产市场鱼龙混杂，大量实力不足的中小企业充斥其中，市场无法发挥正常的优胜劣汰功能。为解决此类问题，政府首先应继续推动土地交易的市场化改革，继续完善"招、拍、挂"的土地出让制度，杜绝腐败寻租行为，使该制度更加公正、透明、规范，减轻行政垄断对房地产市场的不利影响，确保市场公平。其次，在土地出让的过程中，可以尝试调整目前完全以价格配置资源的方式，改为在参考报价的基础上附加配套设施和公共服务建设的方式，如社会保障房、医院和学校等，以减轻地价过高导致的房价压力，避免"面粉贵过面包"的尴尬现象。最后，还应采取措施优化政商环境，尽可能减少政府对土地市场的过度干预，在土地出让过程中，政府应对不同所有制的房地产企业一视同仁，避免对国企、民企亲疏有别。事实上，房地产业作为国民经济的一般竞争性领域，国有企业应该从中逐步有序退出，这既符合中国国有经济分布的基本原则，也符合当前深化改革的时代要求。考虑到国有房地产企业与政府之间天然的"亲戚关系"，其在获取土地等资源方面具有较大的潜在优势，民营企业往往很难与其站在同一起跑线上，从而不利于公平竞争和资源的有效配置。

（4）推动品牌建设，优化市场结构

从产业组织的角度来看，推动房地产企业品牌建设有利于形成无形的行业进入壁垒，能够缓解潜在企业过度进入市场的问题；同时优质企业在行业内的不断壮大，也有利于推动行业适度集中，优化市场结构。房地产商品作为大宗耐用消费品，是一种典型的后验商品，即消费者在购买消费之前很难预先判断自己对这种商品的满意程度，在这种情况下，消费者往往对品牌厂商提供的产品更加信任，此时品牌作为一种进入壁垒能够起到避免潜在厂商过度进入市场的作用。同时，知名品牌企业更容易获得政府及金融部门的相关支持，也会有更强的人才集聚效应，最终实现强弱分化，市场份额向名牌企业集中。为推动品牌建设，首先应督促房地产企业提升其产品和服务质量水平，这是品牌建设的基本条件，房地产企业只有以客

第五章 经济新常态下推动房地产经济可持续发展的策略及房地产经济发展趋势分析

户体验为核心，努力提升房地产商品在工程建设、环境维护和管理服务等方面的质量水平，才能提升自身的品牌忠诚度和美誉度。其次，还应鼓励房地产企业持续创新，提升品牌层次。一是要在技术层面加强创新，如开发新材料、采用新工艺等，提升房地产商品的客观技术含量；二是要在管理层面进行创新，如提供特色服务、丰富人文内涵等，提升消费者的居住体验。最后，还应采取措施努力提升房地产企业的社会责任感，这也是房地产企业品牌建设的关键一环。自取消福利分房制度以来，由于部分企业的社会责任感缺失，社会公众对房地产企业存在诸多不满情绪，使房地产企业的品牌建设较为困难。面对这种局面，政府应大力培育诚信经营、勇担责任的市场氛围，房地产企业也应努力提高产品服务质量，积极参与社区服务，真实客观地进行广告宣传，大力响应国家的民生保障政策，以逐步改善社会声誉，营造良好的品牌形象。

3. 规范市场行为，维护公平竞争

（1）强化监督，规范开发商价格行为

房地产市场的区域垄断性，使房地产企业间的价格竞争变得比较复杂，企业之间往往倾向于相互合作，而非进行价格战，这类合谋行为使他们更易获取垄断利润。和普通商品不同，房地产商品除具有经济属性外，还具有社会属性，是社会公众安居乐业的基础。对此政府应有清醒认识，切实维护社会公众的合法权益，强化对市场的日常监督，打击房地产企业价格合谋等不规范价格行为，营造公平的竞争环境。考虑到价格合谋行为的隐蔽性，政府应进一步完善《中华人民共和国反垄断法》（以下简称《反垄断法》）中的法律条款、细化价格合谋行为的识别标准，对其进行系统化识别，例如：将行业协会等企业组织的排斥、限制竞争的行为纳入反垄断法的处罚范围；明确企业间价格合谋行为的认定规则等。同时，还应进一步提升《反垄断法》的可操作性，完善惩处机制。我国颁布实施《反垄断法》的时间较晚，对于价格合谋的相关规定较为模糊抽象，相关配套法律法规也不完善，为指导房地产企业守法经营，急需完善法律体系，提升《反垄断法》可操作性和执法有效性。考虑到我国房地产市场中价格合谋行为屡见不鲜，严重破坏行业健康发展，应在民事、行政处罚的基础上，对价格合谋行为情节严重者追究刑事责任。另外，我国《反垄断法》对价格合谋行为实施单惩制,即只追究法人责任,不针对个人,但在现实生活中,很多企业的价格合谋行为都是由相关高管、负责人一手策划实施,因此可以考虑将房地产企业、行业协会等相关组织的主要负责人纳入《反垄断法》制裁对象,以有效打击价格合谋等不规范价格行为。

(2)维护市场秩序,整顿房地产企业广告行为

随着房地产企业广告投入的不断增加,虚假广告也成为消费者诟病的一大顽疾,这些行为严重误导了消费者,损害了社会福利,政府应采取措施予以整顿。《中华人民共和国广告法》中明确规定,广告应真实、合法,不得发布虚假内容,不得误导甚至欺骗消费者,但在房地产市场,信息夸张、虚假的广告屡见不鲜,其根本原因在于同开发商所获收益相比,其违法成本微不足道。在这种情况下,政府部门应大力整顿房地产企业的广告行为,提高发布虚假广告的违法成本,以维护正常的市场秩序。首先,应加大《房地产广告发布规定》的执法力度,禁止将房地产商品上的附属权益作为广告宣传承诺,如户籍、学区等,同时建立数据共享平台,消除买卖双方的信息不对称,避免开发商利用虚假宣传误导消费者。其次,政府可以牵头建立企业信用档案,并让消费者积极参与,一方面鼓励消费者举报、核实房地产虚假广告,另一方面将企业违法广告行为记录在案并向社会公众定期发布,如此双管齐下,可有效遏制房地产企业的违规广告行为。最后,还可以与消费者协会、法院等相关部门建立协调联动机制,一旦发现虚假广告行为,相关部门及时介入,依法严肃处理,让违规者"付费",并在此基础上建立虚假广告黑名单,震慑房地产企业的不法行为。

(3)引导房地产企业改进产品和服务,开展差异化竞争

我国房地产业经过多年的快速发展,目前已经进入相对成熟的平稳发展期,中央政府对房地产业的宏观调控也在不断加强,部分城市的房地产市场已进入调整后的发展阶段,逐渐由卖方市场向买方市场发展。从消费者的角度来看,随着居民收入不断提升,对房地产商品的需求也越来越多元化,已由单纯追求居住面积的初级阶段逐步向追求环境、品质、特色的中高级阶段过渡,在这种情况下,产品同质化严重的房地产市场已不能完全满足消费者的需求,开发商必须不断改进产品和服务,开展差异化竞争。首先,可以通过技术创新、科技集成等方式在产品特征、使用功能等方面

实现产品差异化，如绿色节能小区、智能化楼盘等。其次，可以从人文内涵培育、特色物业服务等方面入手，实现服务差异化，如营造社区文化、关爱特殊群体、家庭定制服务等。最后，应逐步减少毛坯房的市场供给，增加装修产品的供应，这样一方面可以有效减少分户装修带来的资源浪费、噪声扰民等弊端，另一方面还可以通过特色装修服务、定制装修服务来满足消费者的多元化需求，进而提升房地产企业的市场认同感。差异化竞争并非要求所有企业都生产特色产品和服务，而是在供给侧改革的大背景下，要求企业适应市场形势，实现房地产业的转型升级，面向市场提供消费者真正需要的优质产品，改变过去轻品质、重规模的粗放经营方式，实现房地产业的可持续发展。

4.改善市场绩效，实现均衡发展

（1）加强科技创新，推进房地产业现代化

过去人们常常把房地产业看成简单的资源整合产业，对技术创新和应用的重视不够，但实际上现代房地产业关联产业众多，其技术创新和应用对于国民经济的影响很大，应该予以重视。为解决此类问题，需要在房地产领域大力推进科技创新战略，即加大科技创新力度、促进科技成果向现实生产力转化及推动房地产业现代化，从源头上提升房地产业的综合技术效率水平以实现更高的产业经济效益。首先，应坚持科技创新导向，建立健全房地产企业技术创新及成果转化运用的激励机制，使优秀的企业获取足够的利润回报，促进房地产业结构转型和技术升级。其次，还应努力完善相应的配套措施，如建筑结构体系、质量保证体系、建筑性能评价体系等，以实现房地产业的市场化、标准化、工业化，促进房地产业向现代化方向发展。再次，还应提升房地产企业引进、运用新技术、新理念的能力，这种能力和企业的资源整合、技术开发、营销策划、融资等能力一起成为房地产企业的核心竞争力，有利于提高房地产企业的资源利用效率和决策效率，能够显著改善房地产商品的用户体验。最后，还应积极向发达国家学习，引进先进经验，在房地产业的能耗、物耗指标方面下功夫，提高房地产业的综合技术效率和产品科技含量，以科技进步促进房地产业的健康发展。

（2）引导资源流向，推动区域均衡发展

我国房地产业的市场绩效除存在综合技术效率偏低的问题之外，还存在东、中、西部地区发展不平衡的问题,这同中国的人口、资源分布及区域经济发展特征密切相关。从竞争性市场绩效角度来看,东部地区比中西部地区区域垄断程度高,这主要同东部地区人口稠密、经济发达、市场需求旺盛有关;从综合市场绩效角度来看,我国房地产业全要素生产率存在东、中、西部地区逐级递减的问题,技术进步指数也是如此,这主要是同企业经营资质、运营管理效率、资本及技术实力等方面有关。为解决此类问题,政府应积极制定相关措施,大力推进房地产业的区域均衡发展。首先,应出台专项政策引导人口、资源流向,扶持中西部地区房地产业发展。对中西部地区的人才就业、企业落户、固定资产投资等方面,可以考虑给予一定税收优惠、金融支持及财政补贴,构建安居乐业的经济环境,避免人才、资源等要素大规模流失,为确保本地区房地产业健康发展奠定基础。其次,还应破除资源要素的流动壁垒,一方面,要鼓励中西部地区企业走出去,到发达地区的房地产市场寻求投资机会,学习先进运营方法和管理经验;另一方面,还要鼓励国内优秀的房地产企业到中西部地区投资经营,对区域内外的企业一视同仁,防止不规范的地方性企业控制市场,营造公平、公正、透明的市场竞争环境,通过要素流动和市场竞争提升本区域房地产业的综合市场绩效。最后,还要因地制宜地进行系统规划,实现房地产业与人口城镇化的协调发展。作为先导性的基础产业,各地政府应根据当地城镇化现状、经济发展水平谋划房地产业的发展方向,人口密集、经济发达的地区要重视集约利用土地,控制房价,实现保障性住房和商品房协调发展;欠发达地区则要努力完善城市配套设施,提升基本公共服务水平,筑巢引凤,实现房地产业的良性循环发展。

5. 强化宏观调控,促进产业发展

(1)以房产税为切入点,推进财税体制改革

我国房地产业发展中的很多问题,在一定程度上都同我国当前财税体制不完善有关。首先,为解决房地产市场投资过热、房价居高不下的问题,有必要对不同类型的市场需求实施差别化税率。对于自住刚性需求和改善性需求实行税收优惠政策,尊重居民的消费愿望,提升社会福利;而对于追求资产升值的投资性需求,则需要针对性地实施高税率,提高其房产交易及持有成本,削弱其投机动机。同时可以对不同面积的房地产商品实施

第五章 经济新常态下推动房地产经济可持续发展的策略及房地产经济发展趋势分析

差别化税率,鼓励中小户型产品的消费,这样既可以优化房地产供给结构,还可以集约利用土地、控制房地产价格。其次,应在上海、重庆试点的基础上,继续在全国推进实施房产税。同其他房地产税收不同,房产税是在房地产的持有环节征收,能够显著减少持有多套房产的投机炒房行为。这需要继续完善公民房地产信息登记制度,针对公民个人建立覆盖全国的房地产持有量账户,在其持有多套房屋时征收重税,并且同时提升多套房屋持有者在房地产二级交易市场的个人所得税率,进一步降低炒房的盈利空间,减少投资需求。最后,政府还应采取措施,改变我国地方财政过度依赖土地出让金的不良状态。事实上,"土地财政"的存在的确使地方政府拥有推高房价的动机,这既不利于房地产行业健康发展,也不利于中央政令的贯彻执行,必须予以改变。未来可以考虑在普遍实施房产税的基础上,统筹所有在房地产建设、交易和持有环节开征的税收,明确房地产领域的税收立法,使其成为地方政府财政收入的主体税种,减少对"土地财政"的依赖。同时,中央也应在其他税种和土地出让金方面改革现有的两级财政分配机制,科学划分各级财政事权和责任,形成合理的财力格局,从根源上消除地方政府推高房价的动机。

(2)规范金融市场,控制房地产金融风险

相较于普通商品,房地产商品属长期耐用商品,且价值较高,在交易的过程中往往需要金融机构的支持,而消费信贷的过度运用极易滋生房地产泡沫,诱发金融风险,因此必须规范房地产金融市场,保证市场平稳运行。首先,应加强监管力度,合理控制信贷规模,避免对房地产业形成过度金融支持。这就需要国家完善信用体系建设,对企业和个人进行信用评级,对不同信用级别的企业和个人给予不同的信用额度,并在贷款期限、利率等方面给予相应的约束。同时银行等金融机构在发放贷款时还应加强对企业和个人还款能力的审查,以避免银行坏账的发生。其次,还应构建多元化的融资渠道,以规避金融风险。目前我国房地产金融市场融资渠道单一,严重依赖银行贷款,未来应加大力度建设房地产债券市场,鼓励开发商利用企业债券进行直接融资,支持大型房地产企业构建自己的金融支持体系,如组建财务公司等,同时可以开辟房地产信托等新兴融资渠道,助推房地产金融市场向多元化方向发展。最后,还应在个人投资层面创新金融产品、拓宽民间投资渠道，以抑制房地产商品的投资性需求。我国居民喜欢投资楼市，其原因之一就在于投资渠道单一，没有其他更好的选择。在这种情况下，必须针对性地开发、推介适合居民资产保值增值需求的新型金融产品，如各类基金、权证、期货及新兴的互联网金融产品等，这些金融产品的推广将有效分散社会闲散资金，避免其过度涌入房地产业，造成不良影响。

（3）完善市场信息系统，稳定房地产价格

凯恩斯主义经济理论认为，信息不对称是一种严重的市场失灵，会显著干扰正常的市场运行，损害消费者福利，不利于产业的健康发展。由于房地产商品的市场交易涉及复杂的产权关系，普通消费者缺乏相关的专业知识，往往在市场交易中处于明显的信息劣势地位。相比之下，房地产开发商和房产中介公司则拥有明显的信息优势，在很大程度上能够运用这种信息不对称影响房地产的销售方式、销售数量和销售价格，甚至能够利用这种信息不对称干扰市场预期，操纵房地产的市场价格。因此，政府应加强对这一领域的宏观调控，完善房地产信息系统，消除市场中信息不对称，管控市场预期，以稳定房地产价格。首先，应建立公开、透明的房地产市场信息披露机制，加强对房地产市场信息数据的测算、统计和整理，并准确、完整、及时地公开市场信息，同时应对房地产开发商和房产中介公司进行规制，严厉惩处虚假信息发布者，避免其利用信息不对称谋利，维护健康的市场秩序。其次，还要加强政府各相关部门之间的沟通协调，避免相关部门各自为政，并在此基础上选取数据指标，建立健全房地产市场的监控预警体系，评估房地产价格对经济社会的影响，防止投资过热和房地产泡沫的发生。最后，还应重视对市场预期的调控。房地产价格的影响因素复杂，市场预期是因素之一，正是由于公众对于房价上涨存在强烈的心理预期，才使买涨不买跌成为房地产市场的独特现象，进而推动房价持续累积性上涨。提升市场信息的完整性、透明性和权威性，有助于改变消费者对房地产市场的不理性预期，减少盲目的跟风投机，稳定房地产价格。同时，政府还必须以坚决的态度出手管控市场，以不可动摇的决心打破不合理的市场预期，消除反复投机的恶性循环，最终引导房地产市场有序健康发展。

第五章　经济新常态下推动房地产经济可持续发展的策略及房地产经济发展趋势分析

二、经济新常态下我国房地产经济发展趋势分析

虽然当前房地产业经济还存在一些问题，但其发展态势是良性且健康的。在前文论述的基础上，笔者预测了我国房地产经济的未来发展趋势：市场整体发展逐渐成熟，房地产价格趋于稳定，宏观调控手段越发合理，能够有效改善现有多个群体的居住环境，同时要全面落实房地产登记相关制度。

（一）房地产市场整体发展逐渐成熟

当前我国房地产整体发展逐渐成熟，经济体量增长速度越来越快，虽然很多地区的政府也针对房地产行业采取了必要的调控措施，但是在未来的房地产经济发展进程中，此类国家调控力度会不断增大，国家和政府方面会根据不同地区的房地产市场及房地产经济发展形势，推出相关的政策，进一步限制投资客的炒房行为。再加上现如今在房屋刚需方面的人群已经呈现出逐渐减少的发展趋势，这也会导致我国整体房地产市场会越发稳定且逐渐成熟。房地产行业的市场与其他行业类似，主要通过供需关系决定市场的发展趋势，同样也要避免一味地拿地开发行为，进一步扰乱各地区房地产市场的良好发展态势。另外，受到我国整体宏观调控的影响，各地区房价会逐渐趋于合理并产生回落现象。对于很多人而言，房产是需要长期投入的消费类型，很少会出现盲目消费的情况，因此，需要倡导房地产领域的理性消费，以确保房地产调控举措更加有利，房价整体形势趋于稳定，使得我国整体房地产市场发展形势更加平稳成熟。

（二）房地产价格的逐渐稳定

现如今，我国经济发展速度越来越快，工业经济社会等各领域发展迅猛，此种形式进一步影响了我国现今经济结构，让整体结构更加合理，房地产行业的升温速度有所下降。房地产行业的泡沫在国家稳定房价相关政策和规章制度的提出影响下不断外排、挤出，使得我国整体房价被控制在相对合理的规划范围之内。基于国家的宏观调控及越来越多人群的理性消费和对房地产的正确认知，要逐渐减少过度投资炒房的行为，在选择房地产项目时要以生活质量和个人的承受能力等为基础要素。房地产企业方面需要

始终按照国家的法律法规要求，坚持合法运营，既尊重房地产领域的经济发展规律，同样也要积极参与国家政策的调控。在此种宏观调控的影响下，我国整体房地产等于房价会逐渐稳定下来，并不会一直出现上涨的趋势，想必在未来人们都可以通过自身的努力和奋斗购买房产，有效提高生活质量和生活水平，确保各城市社会基本稳定，人民群众生活幸福感明显增强。

（三）房地产经济调控手段越发合理

为了有效调控房地产经济的发展趋势，合理规划房地产市场，我国针对房地产市场的未来发展提出了一系列的宏观调控措施，以进一步起到稳定房地产市场的目的。例如，进行住房公积金改革、以存量房改保障房实施信贷资产的证券化改革，并着力实现土地改革等多重举措的出台，有效缓解了人民群众的购房压力，特别是我国当前着力提升对于房贷资产的流动性关注，并在银行方面针对住房贷款也提升了一定程度的投放能力。在公积金提取及异地公积金贷款办理方面，能够极大地满足购房者的需求，此类相关政策助力人民群众生活质量水平的提升，能够让越来越多的年轻人有希望购房，既保障了人民群众的切身利益也缓解了人们的购房压力。

（四）改善现有群体居住环境

在我国各个城市中，低收入群体和住房困难群体依旧存在，不论是经济产业的发展还是金融产业的进步，都同样应该关注此类住房困难群体。我国人口众多，此类低收入群体和住房困难群体数量同样也较多，因此政府和房地产市场需要进一步平衡不同群体之间的利益要素，特别是在房地产行业中避免出现房地产供需一边倒的情况，严防房地产泡沫对人民群众的日常生活造成影响。在推进各地区住房建设的过程中要切实强化社会责任，不仅仅在于政府方面的工作职责，保障人民群众有良好的居住条件，同样也要广大房地产企业承担良好的社会责任，在现有房地产项目的基础上，增加一定数量的保障性住房，以进一步改善低收入群体和住房困难群体的居住条件，以此推动房地产经济的发展，让越来越多的房地产企业走可持续发展道路。

（五）全面实施房地产登记

在我国现今房地产经济和房地产行业的发展进程中，全面落实房地产登记并不仅仅在于有效稳定各地区的房地产价格，同样也需要始终站在经济学的角度，对房地产经济进行适当的调整。在一定程度上，市场环境中出现价格波动往往会受到供需关系的影响和限制，在房地产领域而言同样也是如此，其他要素往往会成为影响房地产价格的间接因素。因此开展和实施房地产登记一方面，可以为政府增加一定程度的税收额度，以房产税的形式进行宏观调控，与此同时也可以有效缓解房地产市场中的供需关系。但不能忽视的是现如今房地产登记制度条例的实施，仍旧需要以房地产税等具体形式奠定技术层面的基础和保障，在具体实施过程中开展房地产等不动产权登记，需要合理把握基础和核心等多层次内容，从法律的角度以法律的方式有效解决房地产的权属问题，确保房地产权的合法权益不会受到外力的因素影响而受到损害。另一方面，开展房地产登记能够有效维护现如今我国房地产经济和房地产市场的良好交易秩序，对房地产市场现今的供求关系进行全面的调节与把控。

参 考 文 献

[1] 汤树华，谢卫东.中国房地产实务全书[M].北京：新时代出版社，1992.

[2] 王克忠.关于上海私营经济小区的几点思考[J].上海农村经济，1995（09）.

[3] 包亚钧.论城市房地产开发的可持续发展[J].上海社会科学院学术季刊，1998（03）.

[4] 丰雷，朱勇，谢经荣.中国地产泡沫实证研究[J].管理世界，2002（10）.

[5] 曹振良.房地产经济学通论[M].北京：北京大学出版社，2003.

[6] 孙建.金融危机与国家安全[M].北京：经济科学出版社，1999.

[7] 中国人民银行营业部管理部课题组.房地产价格与房地产泡沫问题[M].北京：中国社会科学出版社，2007.

[8] 徐滇庆.房价与泡沫经济[M].北京：机械工业出版社，2006.

[9] 刘静瑜.房地产企业人力资源管理浅析[J].劳动保障世界（理论版），2010（11）.

[10] 李稻葵.论中国的限购政策[J].中国企业家，2010（17）.

[11] 王锦阳，刘锡良.住宅基本价值、泡沫成分与区域溢出效应[J].经济学（季刊），2014（04）.

[12] 王一鸣.全面认识中国经济新常态[J].求是，2014（22）.

[13] 张占斌，周跃辉.关于中国经济新常态若干问题的解析与思考[J].经济体制改革，2015（01）.

[14] 席枫，孙钰，刘双良."新常态"下中国房地产市场价格态势及对策分析[J].价格理论与实践，2015（01）.

[15] 任兴洲.经济新常态下房地产市场的发展[J].中国房地产，2015（02）.

[16] 邹士年. 新常态下房地产市场调控政策取向研究[J]. 中国物价，2015（07）.

[17] 钟荣桂，江丽. 中国经济新常态与房地产市场风险防范[J]. 现代管理科学，2017（04）.

[18] 夏凯丽，田曦，应瑞瑶. 产业集聚对房价上涨影响机制的经验分析[J]. 统计与决策，2017（11）.

[19] 王志刚，徐传谌. 现阶段中国房地产业市场结构优化研究——基于市场集中度的实证分析[J]. 工业技术经济，2019（01）.